AF294796

FSC
www.fsc.org
MIX
Papier aus ver-
antwortungsvollen
Quellen
Paper from
responsible sources
FSC® C105338

Seneca

Epistulae morales ad Lucilium

Liber V
Epistulae XLII-LII

Latein/Deutsch

Michael Weischede

Herstellung und Verlag

BoD - Books on Demand, Norderstedt

ISBN 9783753402994

Bibliografische Information der Deutschen Nationalbibliothek

Die Deutsche Nationalbibliothek verzeichnet diese Publikation in der
Deutschen Nationalbibliografie; detaillierte bibliografische Daten sind im
Internet über http://dnb.dnb.de abrufbar.

Vorwort

Senecas Briefe an seinen Freund Lucilius gehören zu den wenigen Texten der lateinischen Literatur, die auch nach dem Zusammenbruch des Römischen Reiches nicht in Vergessenheit gerieten. Während die meisten Publikationen der Antike erst in der Renaissance „wiedergeboren" wurden, fanden die Epistulae morales ad Lucilium bis in unsere Zeit hinein durchgängig eine interessierte Leserschaft. Aus diesem Grund herrscht auch heute kein Mangel an Übersetzungen der Briefe. Es erschien mir deshalb wenig sinnvoll, eine weitere hinzuzufügen, ohne einen gesonderten Schwerpunkt zu setzen. Ich habe mich deshalb ganz bewusst für ein möglichst text- und wortgetreues Vorgehen entschieden und mich dabei, soweit es ging, an die Wortvorschläge der gängigen Lexika gehalten (Georges, PONS, Stowasser, Langenscheidt usw.). Vor allem Schülern sollte es auf diese Weise leichter fallen, die Übersetzung aus dem Lateinischen nachzuvollziehen und bei Bedarf mit ihren eigenen Bemühungen zu vergleichen.

Der lateinische Textteil stammt aus verschiedenen Internetquellen, wobei das Augenmerk auf der Gemeinfreiheit lag. Er ist also nicht editiert, und ich habe mir zudem erlaubt, ihn hier und da an meine stilistischen Vorlieben anzupassen. Für ein ernsthaftes wissenschaftliches Arbeiten ist er dementsprechend nicht geeignet. Er soll nur aufzeigen, auf welcher Grundlage die Übersetzung erfolgte.

Soweit mir meine Motivation für dieses Projekt nicht abhanden kommt, werde ich nach und nach alle 20 Bücher mit den Briefen an Lucilius übersetzen und veröffentlichen. Bei meiner eher gemächlichen Arbeitsweise kann das allerdings einige Zeit dauern ...

Dortmund im Februar 2021

Liber V – Epistula XLII

Seneca Lucilio suo Salutem,

(1) Iam tibi iste persuasit virum se bonum esse? Atqui vir bonus tam cito nec fieri potest nec intellegi. Scis quem nunc virum bonum dicam? Hunc secundae notae; nam ille alter fortasse tamquam phoenix semel anno quingentesimo nascitur. Nec est mirum ex intervallo magna generari: mediocria et in turbam nascentia saepe fortuna producit, eximia vero ipsa raritate commendat.

(2) Sed iste multum adhuc abest ab eo quod profitetur; et si sciret quid esset vir bonus, nondum esse se crederet, fortasse etiam fieri posse desperaret. 'At male existimat de malis.' Hoc etiam mali faciunt, nec ulla maior poena nequitiae est quam quod sibi ac suis displicet.

(3) 'At odit eos qui subita et magna potentia impotenter utuntur.' Idem faciet cum idem potuerit. Multorum quia imbecilla sunt latent vitia, non minus ausura cum illis vires suae placuerint quam illa quae iam felicitas aperuit. Instrumenta illis explicandae nequitiae desunt.

Buch 5 – Brief 42

Seneca grüßt seinen Lucilius,

(1) Hat dich dieser wirklich überzeugt, dass er ein bedeutender Mann ist? Gleichwohl aber kann er weder so bald ein bedeutender Mann werden noch [als solcher] erkannt werden. Weißt du, wen ich heutzutage einen bedeutenden Mann nenne? Einen von zweiter Qualität; denn jener andere wird wie der Phoenix vielleicht einmal in fünfhundert Jahren geboren. Es ist auch nicht erstaunlich, dass große Dinge nach einem zeitlichen Abstand geschaffen werden: mittelmäßige oder in Menge vorkommende Dinge bringt das Schicksal oft hervor, herausragende aber zeichnet es gerade durch Seltenheit aus.

(2) Aber dieser ist noch weit von dem entfernt, was er öffentlich verheißt; und wenn er wüsste, was ein bedeutender Mann ist, würde er meinen, dass er es noch nicht ist – möglicherweise würde er sogar die Hoffnung aufgeben, es werden zu können. „Schlecht jedoch denkt er von den Schlechten." Dieses tun auch die Schlechten, und es gibt keine größere Strafe für die Schlechtigkeit, als dass sie sich und den Ihren selbst missfällt.

(3) „Aber er hasst diejenigen, die eine unerwartete und große Macht zügellos gebrauchen." Er wird dasselbe tun, sooft er dazu imstande ist. Die schlechten Eigenschaften eines Großteils [der Menschen] bleiben verborgen, weil sie unbedeutend sind; immer wenn ihnen ihre Kräfte gefällig sind, werden sie sich nicht weniger erdreisten als jene, die der Erfolg bereits verraten hat. Es fehlen ihnen die Mittel, um ihre Verdorbenheit zu entfalten.

(4) Sic tuto serpens etiam pestifera tractatur dum riget frigore: non desunt tunc illi venena sed torpent. Multorum crudelitas et ambitio et luxuria, ut paria pessimis audeat, fortunae favore deficitur. Eadem velle cognosces: da posse quantum volunt.

(5) Meministi, cum quendam affirmares esse in tua potestate, dixisse me volaticum esse ac levem et te non pedem eius tenere sed pinnam? Mentitus sum: pluma tenebatur, quam remisit et fugit. Scis quos postea tibi exhibuerit ludos, quam multa in caput suum casura temptaverit. Non videbat se per aliorum pericula in suum ruere non cogitabat quam onerosa essent quae petebat, etiam si supervacua non essent.

(6) Hoc itaque in his quae affectamus, ad quae labore magno contendimus, inspicere debemus, aut nihil in illis commodi esse aut plus incommodi: quaedam supervacua sunt, quaedam tanti non sunt. Sed hoc non pervidemus et gratuita nobis videntur quae carissime constant.

(7) Ex eo licet stupor noster appareat, quod ea sola putamus emi pro quibus pecuniam solvimus, ea gratuita vocamus pro quibus nos ipsos impendimus. Quae emere nollemus si domus nobis nostra pro illis esset danda, si amoenum aliquod fructuosumve praedium, ad ea paratissimi sumus pervenire cum sollicitudine, cum periculo, cum iactura pudoris et libertatis et temporis; adeo nihil est cuique se vilius.

(4) So kann eine Verderben bringende Schlange ohne Gefahr berührt werden, während sie vor Kälte steif ist: in diesem Augenblick fehlen ihr nicht die Gifte, sondern sie sind erstarrt. Die Unbarmherzigkeit, [und] die Prunksucht und die Zügellosigkeit vieler – um sich den Schlechtesten gleich zu erdreisten – wird aufgrund der Gunst des Schicksals ausbleiben. Du wirst erkennen, dass sie dasselbe wollen: gewähre ihnen so mächtig zu sein, wie sie es sich wünschen.

(5) Erinnerst du dich, als du behauptet hast, jemand befände sich in deiner Gewalt, dass ich gesagt habe, er sei unbeständig und leichtsinnig, und dass du ihn nicht am Fuß, sondern an einer Feder halten würdest? Ich hatte mich getäuscht: er wurde an der Flaumfeder gehalten, auf die er verzichtete und geflohen ist. Du weißt, welche Streiche er dir später spielte, wie unablässig er zu reizen sucht, obgleich es auf seine Person zurückfallen wird. Er sah nicht, dass er sich infolge der Gefahren anderer in eigene [Gefahren] stürzte, er verstand nicht, wie beschwerlich es sein würde, was er anstrebte, selbst wenn es nicht vergeblich wäre.

(6) Dieses also müssen wir bei den Dingen, die wir heftig erstreben, auf die wir mit großer Anstrengung hinarbeiten, genau erwägen, dass entweder kein Nutzen in ihnen liegt oder mehr Schaden: etliche sind überflüssig, etliche sind nicht so bedeutend. Doch dieses erkennen wir nicht und unentgeltlich erscheint uns, was gewiss am teuersten ist.

(7) Darin mag sich wohl unsere Dummheit zeigen, dass wir glauben, allein dieses zu kaufen, wofür wir Geld bezahlen, wir nennen dieses kostenlos, wofür wir uns selbst hingeben. Was wir nicht erwerben wollten, wenn wir unser Haus, wenn wir irgendein idyllisches oder auch einträgliches Landgut dafür hergeben müssten, dafür sind wir bereit, es unter Sorge, unter Gefahr und unter Verlust des Schamgefühls, der Freiheit und der Lebenszeit zu erlangen; so wenig ist jeder sich selbst wert.

(8) Idem itaque in omnibus consiliis rebusque faciamus quod solemus facere quotiens ad institorem alicuius mercis accessimus: videamus hoc quod concupiscimus quanti deferatur. Saepe maximum pretium est pro quo nullum datur. Multa possum tibi ostendere quae acquisita acceptaque libertatem nobis extorserint; nostri essemus, si ista nostra non essent.

(9) Haec ergo tecum ipse versa, non solum ubi de incremento agetur, sed etiam ubi de iactura. 'Hoc periturum est.' Nempe adventicium fuit; tam facile sine isto vives quam vixisti. Si diu illud habuisti, perdis postquam satiatus es; si non diu, perdis antequam assuescas. 'Pecuniam minorem habebis.' Nempe et molestiam. 'Gratiam minorem.' Nempe et invidiam.

(10) Circumspice ista quae nos agunt in insaniam, quae cum plurimis lacrimis amittimus: scies non damnum in iis molestum esse, sed opinionem damni. Nemo illa perisse sentit sed cogitat. Qui se habet nihil perdidit: sed quoto cuique habere se contigit? Vale.

(8) Wir wollen deshalb bei allen Beschlüssen und Geschäften dasselbe tun, was wir gewöhnlich machen, sooft wir wegen irgendeiner Ware an einen Kaufmann herantreten: lasst uns darauf achten, wie teuer angeboten wird, was wir verlangen. Oft hat den höchsten Preis, für das nichts hergegeben wird. Ich kann dir vieles zeigen, das uns dadurch, dass es erworben und entgegengenommen wurde, die Freiheit abnötigt; wir wären die Unsrigen, wenn wir dieses nicht hätten.

(9) Dieses also erwäge bei dir selbst, nicht bloß wenn es sich um einen Zugewinn, sondern auch wenn es sich um einen Verlust handeln wird. „Das hier wird verloren gehen." Offenbar war es von außen kommend; ohne dieses wirst du ebenso leicht leben, wie du [bisher] gelebt hast. Wenn du es eine lange Zeit besessen hast, verlierst du es, nachdem du es satt hast; falls nicht [allzu] lang, verlierst du es, bevor du es liebgewinnen kannst. „Du wirst weniger an Geld besitzen." Doch sicherlich auch an Missbehagen. „Weniger an Einfluss." Allerdings auch an Neid.

(10) Halte nach diesen [Dingen] Ausschau, die uns in den Wahnsinn treiben, die wir unter vielen Tränen aufgeben: du wirst verstehen, dass bei diesen nicht der Verlust verdrießlich ist, sondern die Erwartung des Verlustes. Niemand verspürt, dass sie verloren gegangen sind, sondern stellt es sich vor. Wer sich selbst besitzt, hat nichts verloren: aber wie vielen gelingt es, sich selbst zu besitzen? Lebe wohl.

Liber V – Epistula XLIII

Seneca Lucilio suo Salutem,

(1) Quomodo hoc ad me pervenerit quaeris, quis mihi id te cogitare narraverit quod tu nulli narraveras? Is qui scit plurimum, rumor. 'Quid ergo?', inquis, 'tantus sum ut possim excitare rumorem?' Non est quod te ad hunc locum respiciens metiaris: ad istum respice in quo moraris.

(2) Quidquid inter vicina eminet magnum est illic ubi eminet; nam magnitudo non habet modum certum: comparatio illam aut tollit aut deprimit. Navis quae in flumine magna est in mari parvula est; gubernaculum quod alteri navi magnum alteri exiguum est.

(3) Tu nunc in provincia, licet contemnas ipse te, magnus es. Quid agas, quemadmodum cenes, quemadmodum dormias, quaeritur, scitur: eo tibi diligentius vivendum est. Tunc autem felicem esse te iudica cum poteris in publico vivere, cum te parietes tui tegent, non abscondent, quos plerumque circumdatos nobis iudicamus non ut tutius vivamus, sed ut peccemus occultius.

(4) Rem dicam ex qua mores aestimes nostros: vix quemquam invenies qui possit aperto ostio vivere. Ianitores conscientia nostra, non superbia opposuit: sic vivimus ut deprendi sit subito aspici. Quid autem prodest recondere se et oculos hominum auresque vitare?

Buch 5 – Brief 43

(1) Wie dies zu mir gelangt ist, fragst du, wer mir Nachricht gebracht hat über deine Gedanken, die du keinem erzählt hattest? Dasjenige, das sehr viel weiß, das Gerücht. „Was nun also", fragst du, „bin ich so bedeutend, dass ich ein Gerücht entstehen lassen kann?" Es besteht kein Grund, dich nach diesem Ort [Rom] hier zu bemessen, an den du zurückdenkst: berücksichtige den dort, an dem du dich aufhältst.

(2) Alles, was inmitten seiner Umgebung deutlich hervortritt, ist groß an dem Ort, wo es herausragt; Größe nämlich besitzt kein festgesetztes Maß: der Vergleich lässt sie entweder emporwachsen oder er drückt sie nieder. Ein Schiff, das auf dem Fluss groß ist, ist auf dem Meer sehr klein; ein Steuerruder, das bei dem einen Schiff groß, bei dem anderen klein ist.

(3) In der Provinz, magst du dich auch selbst geringschätzen, bist du nun bedeutend. Was du tust, wie du Tafel hältst, wie du schläfst, fragt man, weiß man: deswegen musst du dein Leben umsichtiger verbringen. Dann aber halte dich für vom Glück begünstigt, wenn du in der Öffentlichkeit leben kannst, wenn dich die Wände deines Grund und Bodens schützen, [und] nicht verbergen, [die Wände,] von denen wir meist glauben, sie wurden ringsum für uns aufgestellt, nicht um sicherer zu leben, sondern um im Verborgenen zu sündigen.

(4) Ich möchte eine Sache erwähnen, nach der du unseren Charakter einschätzen kannst: du wirst nur mit Mühe jemanden finden, der bei geöffneter Tür leben könnte. Unser Schuldbewusstsein hat uns die Pförtner vorgesetzt, nicht ein stolzes Selbstgefühl; wir leben so, dass ertappt zu werden bedeutet, unerwartet erblickt zu werden. Was hilft es aber, sich zu verbergen und Augen und Ohren der Menschen zu meiden?

(5) Bona conscientia turbam advocat, mala etiam in solitudine anxia atque sollicita est. Si honesta sunt quae facis, omnes sciant; si turpia, quid refert neminem scire cum tu scias? O te miserum si contemnis hunc testem! Vale.

(5) Ein gutes Gewissen ruft die Menge herbei, ein schlechtes ist sogar in der Einsamkeit ängstlich und besorgt. Wenn es sittlich Gutes ist, was du hervorbringst, können es alle erfahren; wenn es schändlich [ist], was kommt es darauf an, dass niemand es weiß, wenn du es weißt? Ach, du Armer, wenn du diesen Zeugen missachtest! Lebe wohl.

Liber V – Epistula XLIV

Seneca Lucilio suo Salutem,

(1) Iterum tu mihi te pusillum facis et dicis malignius tecum egisse naturam prius, deinde fortunam, cum possis eximere te vulgo et ad felicitatem hominum maximam emergere. Si quid est aliud in philosophia boni, hoc est, quod stemma non inspicit; omnes, si ad originem primam revocantur, a dis sunt.

(2) Eques Romanus es, et ad hunc ordinem tua te perduxit industria; at mehercules multis quattuordecim clausa sunt, non omnes curia admittit, castra quoque quos ad laborem et periculum recipiant fastidiose legunt: bona mens omnibus patet, omnes ad hoc sumus nobiles. Nec reicit quemquam philosophia nec eligit: omnibus lucet.

(3) Patricius Socrates non fuit; Cleanthes aquam traxit et rigando horto locavit manus; Platonem non accepit nobilem philosophia sed fecit: quid est quare desperes his te posse fieri parem? Omnes hi maiores tui sunt, si te illis geris dignum; geres autem, si hoc protinus tibi ipse persuaseris, a nullo te nobilitate superari.

Buch 5 – Brief 44

Seneca grüßt seinen Lucilius,

(1) Abermals machst du dich ganz klein vor mir und du behauptest, dass zuerst die Natur nicht allzu freigiebig mit dir umgegangen ist, anschließend das Schicksal, obgleich du dich der breiten Masse entziehen und zum höchsten Glück der Menschen emporsteigen kannst. Wenn es irgendetwas sonst in der Philosophie an Gutem gibt, ist es dieses, dass sie nicht auf die Ahnentafel sieht; jeder stammt von den Göttern ab, wenn man ihn auf seinen frühsten Ahnherr zurückführt.

(2) Du bist ein römischer Ritter, und in diesen Stand hat dich dein beharrlicher Fleiß geführt; aber wahrhaftig sind die 14 [Ehrenplätze im Theater] vielen versperrt, nicht jeden lässt die Kurie zu, gleichfalls wählen die Kasernen mäkelnd diejenigen aus, die sie für Arbeit und Gefahr übernehmen möchten: eine ehrbare Gesinnung steht allen offen, demzufolge sind wir alle von edler Herkunft. Und weder weist die Philosophie irgendjemanden zurück noch wählt sie einen aus: sie leuchtet allen.

(3) Sokrates war kein Patrizier; Kleanthes hat Wasser geschleppt und legte Hand an beim Bewässern des Gartens; den vortrefflichen Platon hat die Philosophie nicht empfangen, sondern geschaffen: was ist der Grund, weshalb du die Hoffnung aufgibst, dass du ihm ebenbürtig werden kannst? All diese sind deine Vorfahren, falls du dich ihnen würdig zeigst; [würdig] zeigen wirst du dich aber, wenn du dich selbst unverzüglich davon überzeugst, dass du von keinem an edler Gesinnung übertroffen wirst.

(4) Omnibus nobis totidem ante nos sunt; nullius non origo ultra memoriam iacet. Platon ait neminem regem non ex servis esse oriundum, neminem non servum ex regibus. Omnia ista longa varietas miscuit et sursum deorsum fortuna versavit.

(5) Quis est generosus? Ad virtutem bene a natura compositus. Hoc unum intuendum est: alioquin si ad vetera revocas, nemo non inde est ante quod nihil est. A primo mundi ortu usque in hoc tempus perduxit nos ex splendidis sordidisque alternata series. Non facit nobilem atrium plenum fumosis imaginibus; nemo in nostram gloriam vixit nec quod ante nos fuit nostrum est: animus facit nobilem, cui ex quacumque condicione supra fortunam licet surgere.

(6) Puta itaque te non equitem Romanum esse sed libertinum: potes hoc consequi, ut solus sis liber inter ingenuos. 'Quomodo?', inquis. Si mala bonaque non populo auctore distinxeris. Intuendum est non unde veniant, sed quo eant. Si quid est quod vitam beatam potest facere, id bonum est suo iure; depravari enim in malum non potest.

(4) Wir alle haben gleich viele [Ahnen] vor uns; der Ursprung von jedem liegt jenseits der Erinnerung. Platon hat gesagt, dass jeder König von Sklaven abstammt, jeder Sklave von Königen. Dies alles brachte eine langandauernde Vielfalt in Unordnung und auch das Schicksal trieb auf und nieder sein wechselhaftes Spiel.

(5) Wer ist von edler Herkunft? Der von der Natur zur Tugend günstig ausgestattet wurde. Dieses eine muss beachtet werden: überhaupt, wenn man sich auf die Alten beruft, existiert jeder von der Zeit an, vor der nichts ist. Vom frühsten Ursprung der Menschheit an hat uns ununterbrochen eine abwechselnde Ahnenreihe von Ruhmvollen und Unbedeutenden in die heutige Zeit geleitet. Eine Halle voll mit rußgeschwärzten Ahnenbildern bringt keine edle Art hervor; niemand hat zu unserem Ruhm gelebt, und was vormals war, ist nicht unseres: die innere Einstellung macht adelig, ihr ist es möglich, sich aus welcher Lage auch immer über das Schicksal hinaus zu erheben.

(6) Erwäge also, dass du nicht ein römischer Ritter bist, sondern ein Freigelassener: du kannst dies erreichen, dass du allein frei bist inmitten der Freigeborenen. Du fragst: „Wie?" Sofern du nur die guten und schlechten Dinge nicht nach dem Vorbild des Volks unterscheidest. Man muss genau hinsehen, nicht von wo sie sich nähern, sondern wohin sie gehen. Wenn es etwas gibt, das ein glückliches Leben bewirken kann, ist es mit vollem Recht das Gute; es kann nicht zum Schlechten verzerrt werden.

(7) Quid est ergo in quo erratur, cum omnes beatam vitam optent? Quod instrumenta eius pro ipsa habent et illam dum petunt fugiunt. Nam cum summa vitae beatae sit solida securitas et eius inconcussa fiducia, sollicitudinis colligunt causas et per insidiosum iter vitae non tantum ferunt sarcinas sed trahunt; ita longius ab effectu eius quod petunt semper abscedunt et quo plus operae impenderunt, hoc se magis impediunt et feruntur retro. Quod evenit in labyrintho properantibus: ipsa illos velocitas implicat. Vale.

———

(7) Was ist es also, worin man sich irrt, da doch alle den Wunsch nach einem glücklichen Leben äußern? Weil sie dessen Hilfsmittel für [das Leben] selbst halten und sie gehen ihm aus dem Weg, während sie es zu erreichen suchen. Denn während die höchste Vollendung eines glücklichen Lebens auf einer dauerhaften Sorglosigkeit und dem unerschütterlichen Vertrauen in diese beruht, sammeln sie Gründe zur Besorgnis und auf dem gefährlichen Weg des Lebens tragen sie ihre Bürden nicht nur, sondern sie ziehen sie an sich. So entfernen sie sich immer weiter von der Ausführung dessen, was sie erstreben, und je mehr Mühe sie aufgewendet haben, desto mehr behindern sie sich [selbst] und werden zurückgeworfen. Das widerfährt denen, die sich im Labyrinth beeilen: gerade die Hast führt zur Verwirrung. Lebe wohl.

———

Liber V – Epistula XLV

Seneca Lucilio suo Salutem,

(1) Librorum istic inopiam esse quereris. Non refert quam multos sed quam bonos habeas: lectio certa prodest, varia delectat. Qui quo destinavit pervenire vult unam sequatur viam, non per multas vagetur: non ire istuc sed errare est.

(2) 'Vellem', inquis, '<non> magis consilium mihi quam libros dares.' Ego vero quoscumque habeo mittere paratus sum et totum horreum excutere; me quoque isto, si possem, transferrem, et nisi mature te finem officii sperarem impetraturum, hanc senilem expeditionem indixissem mihi nec me Charybdis et Scylla et fabulosum istud fretum deterrere potuissent. Tranassem ista, non solum traiecissem, dummodo te complecti possem et praesens aestimare quantum animo crevisses.

(3) Ceterum quod libros meos tibi mitti desideras, non magis ideo me disertum puto quam formonsum putarem si imaginem meam peteres. Indulgentiae scio istud esse, non iudici; et si modo iudici est, indulgentia tibi imposuit.

Seneca grüßt seinen Lucilius,

(1) Du beklagst dich über den Mangel an Büchern dort bei dir. Es kommt nicht darauf an, wie viele, sondern wie gute Bücher du besitzt: eine festgesetzte Lektüre ist nützlich, eine abwechselnde bereitet Vergnügen. Wer hinkommen will, wohin er beschlossen hat, sollte einem einzigen Weg folgen, nicht auf vielen umherwandern: dieses ist kein Vorwärtsgehen, sondern ein Umherirren.

(2) „Ich wünschte, du würdest mir nicht nur einen Ratschlag, sondern auch deine Bücher zusenden", sagst du. Ich bin wirklich bereit, alle, die ich besitze, zu versenden und mein ganzes Lager auszuräumen; wenn ich könnte, würde ich mich auch selbst zu dir begeben, und wenn ich nicht hoffen würde, dass du vorzeitig dein Dienstende durchsetzen wirst, hätte ich mir diesen Altersfeldzug auferlegt, und weder Charybdis und Skylla noch diese sagenumwobene Meerenge hätten mich abschrecken können. Ich hätte jene dort durchschwommen, nicht bloß überquert, wenn ich dich nur hätte umarmen und an Ort und Stelle würdigen können, wie viel du im Geiste wohl gewachsen bist.

(3) Wenn du dir übrigens wünschst, dass dir meine Bücher zugesendet werden, halte ich mich deshalb ebenso wenig für wortgewandt, wie ich mich für schön halten würde, wenn du ein Porträt von mir verlangtest. Ich weiß, dass dies ein Zeichen einer nachsichtigen Liebe ist, nicht des Urteilsvermögens; und wenn es doch nur auf Überlegung beruht, hat es dir die Nachsicht auferlegt.

(4) Sed qualescumque sunt, tu illos sic lege tamquam verum quaeram adhuc, non sciam, et contumaciter quaeram. Non enim me cuiquam emancipavi, nullius nomen fero; multum magnorum virorum iudicio credo, aliquid et meo vindico. Nam illi quoque non inventa sed quaerenda nobis reliquerunt, et invenissent forsitan necessaria nisi et supervacua quaesissent.

(5) Multum illis temporis verborum cavillatio eripuit, captiosae disputationes quae acumen irritum exercent. Nectimus nodos et ambiguam significationem verbis illigamus ac deinde dissolvimus: tantum nobis vacat? Iam vivere, iam mori scimus? Tota illo mente pergendum est ubi provideri debet ne res nos, non verba decipiant.

(6) Quid mihi vocum similitudines distinguis, quibus nemo umquam nisi dum disputat captus est? Res fallunt: illas discerne. Pro bonis mala amplectimur; optamus contra id quod optavimus; pugnant vota nostra cum votis, consilia cum consilis.

(4) Aber wie auch immer sie beschaffen sind, lies du sie so, als ob ich die Wahrheit bis heute suchen, nicht kennen würde, und sie störrisch [weiter] suchen werde. Ich habe mich nämlich keinem als Eigentum überlassen, [und] ich trage niemandes Namen; oft vertraue ich mich dem Urteil der großen Männer an, manches schreibe ich auch meinem [eigenen] zu. Denn auch jene haben uns nicht das hinterlassen, was sie entdeckt haben, sondern das, was gesucht werden muss, und vielleicht hätten sie auch Notwendiges entdeckt, wenn sie nicht Unnötiges gesucht hätten.

(5) Viel Zeit hat jenen ihre Wortklauberei geraubt, sophistische Erörterungen, die einen nichts ausrichtenden Scharfsinn ausbilden. Wir schlingen Knoten, [und] fügen den Worten einen doppeldeutigen Sinn an und anschließend widerlegen wir sie: haben wir so viel freie Zeit? Verstehen wir bereits zu leben, bereits zu sterben? Mit ganzem Herzen ist sich dorthin zu begeben, wo Vorsorge getragen werden muss, dass uns die Tatsachen nicht täuschen – nicht die leeren Worte.

(6) Was unterscheidest du mir sinnverwandte Wörter, von denen niemand, außer während er einen Vortrag über sie hält, jemals fasziniert wurde. Die Dinge täuschen: dahingehend unterscheide. Anstelle von den guten heißen wir die schlechten [Dinge] gut; wir machen uns Hoffnung auf das Gegenteil von dem, was wir für uns ausersehen haben; unsere Wünsche liegen im Widerstreit mit Wünschen, Pläne [im Widerstreit] mit Plänen.

(7) Adulatio quam similis est amicitiae! Non imitatur tantum illam sed vincit et praeterit; apertis ac propitiis auribus recipitur et in praecordia ima descendit, eo ipso gratiosa quo laedit: doce quemadmodum hanc similitudinem possim dinoscere. Venit ad me pro amico blandus inimicus; vitia nobis sub virtutum nomine obrepunt: temeritas sub titulo fortitudinis latet, moderatio vocatur ignavia, pro cauto timidus accipitur. In his magno periculo erramus: his certas notas imprime.

(8) Ceterum qui interrogatur an cornua habeat non est tam stultus ut frontem suam temptet, nec rursus tam ineptus aut hebes ut nesciat tu illi subtilissima collectione persuaseris. Sic ista sine noxa decipiunt quomodo praestigiatorum acetabula et calculi, in quibus me fallacia ipsa delectat. Effice ut quomodo fiat intellegam: perdidi lusum. Idem de istis captionibus dico – quo enim nomine potius sophismata appellem? Nec ignoranti nocent nec scientem iuvant.

(7) Wie ähnlich ist die Schmeichelei der Freundschaft! Sie ahmt jene nicht nur nach, sondern sie übertrifft sie und zieht an ihr vorbei; sie wird von offenen und gewogenen Ohren aufgenommen und senkt sich in die Tiefe des Herzens – eben dort angenehm, wo sie schadet: lehre mich, auf welche Weise ich eine solche Ähnlichkeit unterscheiden kann. Es kommt zu mir ein schmeichelnder Feind anstatt eines Freundes; die Laster schleichen sich unter dem Namen der Tugenden an uns heran: Unbesonnenheit versteckt sich unter dem Etikett der Unerschrockenheit, Mäßigung wird als Müßiggang bezeichnet, Ängstlichkeit wird als Vorsicht verstanden. Unter solchen Umständen irren wir in großer Gefahr umher, unter solchen Umständen hinterlasse ein entschiedenes Zeichen.

(8) Im Übrigen ist einer, der gefragt wird, ob er Hörner habe, nicht so dumm, dass er seine Stirn betastet, und vollends ist er nicht so töricht und stumpfsinnig, dass er es nicht versteht, solltest du ihn mit einer scharfsinnigen Schlussfolgerung dazu bewegt haben. Auf solche Weise täuschen diese ohne Schaden gleichwie die Becher und Spielsteine der Taschenspieler, an denen mich gerade die trügerische Vorstellung erfreut. Mach, dass ich erkenne, wie es zuwege gebracht wird: [und] ich verliere die Freude an dem Spiel. Dasselbe behaupte ich von solchen Fangschlüssen – denn mit welchem Namen könnte ich diese Sophismen besser bezeichnen? Sie schaden weder demjenigen, der sie nicht kennt, noch erfreuen sie denjenigen, der sie versteht.

(9) Si utique vis verborum ambiguitates diducere, hoc nos doce, beatum non eum esse quem vulgus appellat, ad quem pecunia magna confluxit, sed illum cui bonum omne in animo est, erectum et excelsum et mirabilia calcantem, qui neminem videt cum quo se commutatum velit, qui hominem ea sola parte aestimat qua homo est, qui natura magistra utitur, ad illius leges componitur, sic vivit quomodo illa praescripsit; cui bona sua nulla vis excutit, qui mala in bonum vertit, certus iudicii, inconcussus, intrepidus; quem aliqua vis movet, nulla perturbat; quem fortuna, cum quod habuit telum nocentissimum vi maxima intorsit, pungit, non vulnerat, et hoc raro; nam cetera eius tela, quibus genus humanum debellatur, grandinis more dissultant, quae incussa tectis sine ullo habitatoris incommodo crepitat ac solvitur.

(10) Quid me detines in eo quem tu ipse pseudomenon appellas, de quo tantum librorum compositum est? Ecce tota mihi vita mentitur: hanc coargue, hanc ad verum, si acutus es, redige. Necessaria iudicat quorum magna pars supervacua est; etiam quae non est supervacua nihil in se momenti habet in hoc, ut possit fortunatum beatumque praestare. Non enim statim bonum est, si quid necessarium est: aut proicimus bonum, si hoc nomen pani et polentae damus et ceteris sine quibus vita non ducitur.

(9) Wenn du unbedingt den Doppelsinn der Wörter unterscheiden willst, lege uns Folgendes dar: dass der nicht glücklich ist, den das Volk so nennt, [und] bei dem ein großes Vermögen zusammengeflossen ist, sondern jener, der all sein Vermögen im Geiste trägt, der aufrecht und erhaben ist und Verehrungswürdiges verspottet, der keinen vor Augen hat, mit dem er tauschen wollte, der einen Mann allein in diese Richtung einschätzt, inwieweit er ein Mensch von Verstand ist, der sich der Natur als Lehrmeisterin bedient, der sich nach ihren Gesetzen eingerichtet hat, der so lebt, wie sie es vorgezeichnet hat; dem keine Macht sein Vermögen entreißt, der Schlechtes zum Guten wendet – sicher, unerschütterlich, furchtlos im Urteil; den manche Kraft bewegt, keine in Verwirrung bringt; dem das Schicksal, wenn es das verderblichste Geschoss, das es besitzt, mit höchster Kraft [gegen ihn] geschleudert hat, einen Stich versetzt, ihn nicht verletzt, und das wahrlich selten; die übrigen seiner Geschosse nämlich, mit denen das Menschengeschlecht niedergekämpft wird, prallen wie Hagel ab, der ohne irgendeine Beeinträchtigung der Bewohner beim Aufschlag auf das Dach prasselt und sich auflöst.

(10) Warum nimmst du mich wegen einer Sache in Beschlag, die du selbst „Pseudomenon" nennst, über die so viele Bücher verfasst wurden? Schau, das ganze Leben besteht aus Lügen: dieses überführe des Irrtums, dieses treibe, wenn du gescheit bist, zurück zur Wahrheit. Für notwendige Bedürfnisse hält es, wovon der größte Teil überflüssig ist; selbst dasjenige, das nicht überflüssig ist, hat dabei nichts an Wert in sich, um glücklich und reich machen zu können. Wenn etwas notwendig ist, ist es nämlich nicht unmittelbar gut: oder genau genommen geben wir das Gute preis, wenn wir dem Brot und den Gerstengraupen und den übrigen Dingen, ohne die man ein Leben nicht führen kann, diese Bezeichnung geben.

(11) Quod bonum est utique necessarium est: quod necessarium est non utique bonum est, quoniam quidem necessaria sunt quaedam eademque vilissima. Nemo usque eo dignitatem boni ignorat ut illud ad haec in diem utilia demittat.

(12) Quid ergo? Non eo potius curam transferes, ut ostendas omnibus magno temporis impendio quaeri supervacua et multos transisse vitam dum vitae instrumenta conquirunt? Recognosce singulos, considera universos: nullius non vita spectat in crastinum.

(13) Quid in hoc sit mali quaeris? Infinitum. Non enim vivunt sed victuri sunt: omnia differunt. Etiamsi attenderemus, tamen nos vita praecurreret; nunc vero cunctantes quasi aliena transcurrit et ultimo die finitur, omni perit. Sed ne epistulae modum excedam, quae non debet sinistram manum legentis implere, in alium diem hanc litem cum dialecticis differam nimium subtilibus et hoc solum curantibus, non et hoc. Vale.

(11) Was gut ist, ist unbedingt notwendig: was notwendig ist, ist nicht unbedingt gut, da manches ja gewiss notwendig und zugleich sehr billig ist. Niemand verkennt den Rang des Guten bis zu dem Punkt, dass er es zu solch alltäglich Dienlichem herabsinken lässt.

(12) Was nun also? Wirst du nicht lieber die Aufmerksamkeit dahin lenken, allen vor Augen zu halten, dass mit großem Zeitaufwand Überflüssiges erworben wird und viele das Leben durcheilt haben, während sie sich die Mittel zum Leben zu verschaffen suchten? Prüfe den Einzelnen, nimm sämtliche in Augenschein: das Leben eines jeden ist auf das Künftige gerichtet.

(13) Du fragst, was daran schlecht ist? Unendlich viel. Sie leben nämlich nicht, sondern sie haben die Absicht zu leben: alles schieben sie auf. Selbst wenn wir achtsam wären, würde das Leben trotzdem schnell für uns vergehen; so aber durcheilt es der Unschlüssige wie ein fremdes [Leben] und am letzten Tag wird es beendigt, an jedem stirbt es. Aber, um nicht den Umfang des Briefes zu überschreiten, der die linke Hand des Lesers nicht ganz ausfüllen soll, werde ich diesen Streit mit den Dialektikern, die sich zu viel um Feinsinniges kümmern, und zwar nur um dieses, nicht auch um das eben erwähnte, auf einen anderen Tag verschieben. Lebe wohl.

Liber V – Epistula XLVI

Seneca Lucilio suo Salutem,

(1) Librum tuum quem mihi promiseras accepi et tamquam lecturus ex commodo adaperui ac tantum degustare volui; deinde blanditus est ipse ut procederem longius. Qui quam disertus fuerit ex hoc intellegas licet: levis mihi visus est, cum esset nec mei nec tui corporis, sed qui primo aspectu aut Titi Livii aut Epicuri posset videri. Tanta autem dulcedine me tenuit et traxit ut illum sine ulla dilatione perlegerim. Sol me invitabat, fames admonebat, nubes minabantur; tamen exhausi totum.

(2) Non tantum delectatus sed gavisus sum. Quid ingenii iste habuit, quid animi! Dicerem: 'Quid impetus!', si interquievisset, si <ex> intervallo surrexisset; nunc non fuit impetus sed tenor. Compositio virilis et sancta; nihilominus interveniebat dulce illud et loco lene. Grandis, erectus es: hoc te volo tenere, sic ire. Fecit aliquid et materia; ideo eligenda est fertilis, quae capiat ingenium, quae incitet.

Buch 5 – Brief 46

(1) Ich habe dein Buch, dass du mir versprochen hattest, erhalten – auch geöffnet, gleichsam mit der Absicht, es bei günstiger Gelegenheit zu lesen – und wollte es lediglich zur Probe versuchen; darauf hat es von sich aus schmeichelnd gebeten, dass ich weiter fortfahre. Wie wohl es formuliert ist, magst du auch an diesem erkennen: es schien mir flüssig [geschrieben], obgleich es weder zu meiner noch zu deiner Werksammlung gehört, sondern auf den ersten Blick für irgendeines entweder von Titus Livius oder von Epikur gehalten werden könnte. Es hat mich jedoch mit einem so großen Zauber gefesselt und an sich gezogen, dass ich es ohne irgendeinen Aufschub gelesen habe. Die Sonne lockte mich, der Hunger mahnte, die Wolken drohten; trotzdem bin ich es vollständig durchgegangen.

(2) Ich bin nicht nur unterhalten, sondern innerlich erfreut worden. Was für ein schöpferischer Geist, was für eine Energie ihm innewohnte. Ich würde sagen: „Was für ein Schwung!", wenn es zwischendurch zur Ruhe gekommen, wenn es nach einer Pause emporgestiegen wäre; so aber war es kein Schwung, sondern ein ununterbrochener Lauf. Männlich und erhaben [war] die Abfassung; nichtsdestoweniger floss an passender Stelle jenes Süße und Sanfte ein. Großartig, erhaben bist du: ich wünsche mir, dass du dieses beibehältst, dass du so fortschreitest. Manches hat auch das Thema bewirkt; deshalb muss man ein fruchtbares auswählen, das den Geist fesselt, das ihn reizt.

(3) <De> libro plura scribam cum illum retractavero; nunc parum mihi sedet iudicium, tamquam audierim illa, non legerim. Sine me et inquirere. Non est quod verearis: verum audies. O te hominem felicem, quod nihil habes propter quod quisquam tibi tam longe mentiatur! Nisi quod iam etiam ubi causa sublata est mentimur consuetudinis causa. Vale.

———

(3) Ich werde mehr über das Buch schreiben, wenn ich es mir noch einmal vorgenommen habe; für ein Urteil ist mir jetzt nicht genug hängen geblieben – als ob ich es gehört, nicht gelesen hätte. Gestatte, dass ich es auch prüfe. Es gibt keinen Grund, besorgt zu sein; du wirst die Wahrheit hören. Ach, du glücklicher Mensch, dass du nichts erregst, weswegen irgendeiner dich so sehr aus der Ferne anlügen sollte! Abgesehen davon, dass wir auch schon, wenn kein hochmütiger Grund besteht, aus Gewohnheit lügen. Lebe wohl.

Liber V – Epistula XLVII

Seneca Lucilio suo Salutem,

(1) Libenter ex iis qui a te veniunt cognovi familiariter te cum servis tuis vivere: hoc prudentiam tuam, hoc eruditionem decet. 'Servi sunt.' Immo homines. 'Servi sunt .' Immo contubernales. 'Servi sunt.' Immo humiles amici. 'Servi sunt.' Immo conservi, si cogitaveris tantundem in utrosque licere fortunae.

(2) Itaque rideo istos qui turpe existimant cum servo suo cenare: quare, nisi quia superbissima consuetudo cenanti domino stantium servorum turbam circumdedit? Est ille plus quam capit, et ingenti aviditate onerat distentum ventrem ac desuetum iam ventris officio, ut maiore opera omnia egerat quam ingessit.

(3) At infelicibus servis movere labra ne in hoc quidem ut loquantur, licet; virga murmur omne compescitur, et ne fortuita quidem verberibus excepta sunt, tussis, sternumenta, singultus; magno malo ulla voce interpellatum silentium luitur; nocte tota ieiuni mutique perstant.

Buch 5 – Brief 47

Seneca grüßt seinen Lucilius,

(1) Von denen, die von dir zurückkehren, habe ich freudig erfahren, dass du mit deinen Sklaven einen vertrauten Umgang hast: das ziemt sich für deine Klugheit, für deine Gelehrsamkeit. „Es sind Sklaven.“ Ja, allerdings Menschen. „Es sind Sklaven.“ Ja, allerdings Hausgenossen. „Es sind Sklaven.“ Ja, allerdings Freunde aus niederem Stand. „Es sind Sklaven.“ Ja, allerdings Mitsklaven, wenn du bedenkst, dass dem Schicksal beiden gegenüber gleichviel erlaubt ist.

(2) Daher lächle ich über diejenigen, die es als schändlich erachten, mit ihrem Sklaven zu speisen: aus welchem Grund, außer weil eine sehr überhebliche Gewohnheit den Herrn beim Essen mit herumstehenden Sklaven umgeben hat? Jener isst mehr, als er verträgt, und mit ungeheurem Verlangen überlädt er den zum Platzen vollen und bereits von der Verdauungstätigkeit entwöhnten Bauch, so dass er unter großer Anstrengung alles erbricht, was er hineingeworfen hat.

(3) Die unglücklichen Sklaven jedoch dürfen dabei nicht einmal die Lippen bewegen, um zu sprechen; mit der Rute wird jedes Stimmengeflüster unterdrückt, und selbst Zufälliges – Husten, Niesen, Schluckauf – ist von den Prügelstrafen nicht ausgenommen; eine Unterbrechung des Schweigens durch irgendeine Äußerung wird mit schwerer Strafe gebüßt; die ganze Nacht hindurch verharren sie schweigend und mit leerem Magen.

(4) Sic fit ut isti de domino loquantur quibus coram domino loqui non licet. At illi quibus non tantum coram dominis sed cum ipsis erat sermo, quorum os non consuebatur, parati erant pro domino porrigere cervicem, periculum imminens in caput suum avertere; in conviviis loquebantur, sed in tormentis tacebant.

(5) Deinde eiusdem arrogantiae proverbium iactatur, totidem hostes esse quot servos: non habemus illos hostes sed facimus. Alia interim crudelia, inhumana praetereo, quod ne tamquam hominibus quidem sed tamquam iumentis abutimur. [quod] Cum ad cenandum discubuimus, alius sputa deterget, alius reliquias temulentorum subditus colligit.

(6) Alius pretiosas aves scindit; per pectus et clunes certis ductibus circumferens eruditam manum frusta excutit, infelix, qui huic uni rei vivit, ut altilia decenter secet, nisi quod miserior est qui hoc voluptatis causa docet quam qui necessitatis discit.

(7) Alius vini minister in muliebrem modum ornatus cum aetate luctatur: non potest effugere pueritiam, retrahitur, iamque militari habitu glaber retritis pilis aut penitus evulsis tota nocte pervigilat, quam inter ebrietatem domini ac libidinem dividit et in cubiculo vir, in convivio puer est.

(4) So geschieht es, dass diejenigen über ihren Herrn reden, denen es in der Gegenwart des Herrn nicht erlaubt ist zu reden. Jene hingegen, denen eine Unterhaltung nicht nur in Gegenwart ihrer Herren möglich war, sondern auch mit ihnen persönlich, denen nicht der Mund versiegelt wurde, waren bereit, für ihren Herrn den Nacken hinzuhalten, [und] eine drohende Gefahr aufs eigene Haupt zu lenken; bei den Mahlzeiten sprachen sie, aber unter Folter schwiegen sie.

(5) Fernerhin wird ein Sprichwort von derselben Arroganz im Munde geführt, dass es ebenso viele Feinde wie Sklaven gibt: wir haben jene Feinde nicht, wir machen sie uns. Anderes Grausames, [und] Unmenschliches – dass wir sie nämlich nicht wie Menschen, sondern wie Lasttiere missbrauchen – übergehe ich einstweilen. Wenn wir uns zu Tische gelegt haben, beseitigt der eine den Auswurf, der andere sammelt unterwürfig die Hinterlassenschaften der Betrunkenen auf.

(6) Wieder ein anderer zerlegt kostbares Geflügel; indem er seine geschulte Hand mit sicherer Führung durch Brust und Keulen herumfahren lässt, löst er die Stückchen heraus; der Unglückliche, der für diese eine Sache lebt, um die Masthühner gefällig zu zerschneiden – nur dass derjenige armseliger ist, wer es der Sinneslust wegen lehrt, als derjenige, der es unter Zwang lernt.

(7) Ein weiterer, der Mundschenk, ringt, nach Art eines Weibes ausgeschmückt, mit dem Alter: er kann der Kindheit nicht entfliehen, er wird zurückgehalten, und, bereits mit dem Aussehen eines Soldaten, bleibt er mit glatter Haut, weil man einzelne Haare abgerieben oder ganz ausgezupft hatte, die ganze Nacht wach, die er zwischen der Trunkenheit und der Wollust des Herrn in zwei Hälften teilt; und so ist er im Schlafgemach ein Mann, bei der Mahlzeit ein Knabe.

(8) Alius, cui convivarum censura permissa est, perstat infelix et exspectat quos adulatio et intemperantia aut gulae aut linguae revocet in crastinum. Adice obsonatores quibus dominici palati notitia subtilis est, qui sciunt cuius illum rei sapor excitet, cuius delectet aspectus, cuius novitate nauseabundus erigi possit, quid iam ipsa satietate fastidiat, quid illo die esuriat. Cum his cenare non sustinet et maiestatis suae deminutionem putat ad eandem mensam cum servo suo accedere. Di melius! Quot ex istis dominos habet!

(9) Stare ante limen Callisti dominum suum vidi et eum qui illi impegerat titulum, qui inter reicula manicipia produxerat, aliis intrantibus excludi. Rettulit illi gratiam servus ille in primam decuriam coniectus, in qua vocem praeco experitur: et ipse illum invicem apologavit, et ipse non iudicavit domo sua dignum. Dominus Callistum vendidit: sed domino quam multa Callistus!

(10) Vis tu cogitare istum quem servum tuum vocas ex isdem seminibus ortum eodem frui caelo, aeque spirare, aeque vivere, aeque mori! Tam tu illum videre ingenuum potes quam ille te servum. Variana clade multos splendidissime natos, senatorium per militiam auspicantes gradum, fortuna depressit: alium ex illis pastorem, alium custodem casae fecit. Contemne nunc eius fortunae hominem in quam transire dum contemnis potes.

(8) Der nächste, dem die Auswahl der Gäste anvertraut wurde, steht unglücklich herum und ist gespannt, wen die Schmeichelei und der Mangel an Selbstbeherrschung entweder des Gaumens oder der Zunge am nächsten Tag wohl wieder einlädt. Nimm die Einkäufer für die Küche hinzu, die eine genaue Vorstellung des Gaumens ihres Herren besitzen, die wissen, welcher Geschmack ihn reizt, welcher Anblick ihn erfreut, durch welche neue Sache er, an einem verdorbenen Magen leidend, aufgerichtet werden kann, was er aus Überdruss schon von sich aus verschmäht, was er an jenem Tag zu Essen verlangt. Er nimmt es nicht auf sich, mit diesen zu speisen, und er hält es für eine Herabsetzung seiner Würde, sich mit seinem Sklaven an denselben Tisch zu setzen. Gott behüte! Wie viele von diesen hält er sich als Gebieter!

(9) Ich habe gesehen, dass vor der Türschwelle des Callistus sein [früherer] Herr stand, und dass dieser, der ihm das Zeichen aufgedrückt hatte, das ihn zu den nutzlosen Sklaven auf den Markt brachte, abgewiesen wurde, während andere Einlass fanden. Seinen Dank trug der Sklave ab, jener, den man in den untersten Sklavenrang geworfen hatte, in dem der Ausrufer seine Stimme erprobt: umgekehrt hat er jenen auch verschmäht, und ihn gleichfalls seines Hauses für nicht würdig erklärt. Der Herr hat Callistus preisgegeben: doch wie viel mehr Callistus hinsichtlich des Herrn!

(10) Willst du nicht erwägen, dass dieser, den du deinen Sklaven nennst, aus denselben Ursprüngen seinen Anfang nahm, sich an demselben Himmel erfreut, auf gleiche Weise atmet, auf gleiche Weise lebt, auf gleiche Weise stirbt! Ebenso gut kannst du jenen als Freien ansehen, wie jener dich als Sklaven. Nach der Varusschlacht hat das Schicksal viele [Männer] von bedeutendster Abstammung herabgewürdigt, die über den Kriegsdienst ihre senatorische Laufbahn begonnen hatten: einen von ihnen machte sie zum Hirten, den anderen zum Wächter eines Landguts. Verachte nun den Menschen eines solchen Standes, in welchen du, [noch] während du ihn verachtest, [selbst] übertreten kannst.

(11) Nolo in ingentem me locum immittere et de usu servorum disputare, in quos superbissimi, crudelissimi, contumeliosissimi sumus. Haec tamen praecepti mei summa est: sic cum inferiore vivas quemadmodum tecum superiorem velis vivere. Quotiens in mentem venerit quantum tibi in servum <tuum> liceat, veniat in mentem tantundem in te domino tuo licere.

(12) 'At ego', inquis, 'nullum habeo dominum.' Bona aetas est: forsitan habebis. Nescis qua aetate Hecuba servire coeperit, qua Croesus, qua Darei mater, qua Platon, qua Diogenes?

(13) Vive cum servo clementer, comiter quoque, et in sermonem illum admitte et in consilium et in convictum. Hoc loco acclamabit mihi tota manus delicatorum: 'Nihil hac re humilius, nihil turpius.' Hos ego eosdem deprehendam alienorum servorum osculantes manum.

(14) Ne illud quidem videtis, quam omnem invidiam maiores nostri dominis, omnem contumeliam servis detraxerint? Dominum patrem familiae appellaverunt, servos – quod etiam in mimis adhuc durat – familiares; instituerunt diem festum, non quo solo cum servis domini vescerentur, sed quo utique; honores illis in domo gerere, ius dicere permiserunt et domum pusillam rem publicam esse iudicaverunt.

(11) Ich will mich nicht auf ein überaus großes Thema einlassen und über den Nutzen von Sklaven diskutieren, zu denen wir höchst überheblich, grausam [und] beleidigend sind. Der eben erwähnte, ich habe es freilich vorweggenommen, ist mein Hauptgedanke: du solltest mit einem Tieferstehenden so umgehen, wie du wünschst, dass ein Höherstehender mit dir umgeht. Jedes Mal wenn dir in den Sinn kommt, was gegenüber einem Sklaven erlaubt sein sollte, sollte dir auch in den Sinn kommen, dass deinem Herrn ebenso viel dir gegenüber erlaubt ist.

(12) „Aber ich habe keinen Herrn", sagst du. Es ist eine glückliche Zeit: vielleicht wirst du [später] einen haben. Weißt du nicht, in welchem Alter Hekuba ihr Sklavendasein begann, in welchem Krösus, in welchem die Mutter von Dareios, in welchem Platon, in welchem Diogenes?

(13) Gehe mit einem Sklaven nachsichtig um, freundlich auch, und ziehe ihn sowohl zu einem Gespräch hinzu als auch zu einer Beratung oder zu einem Gastmahl. An diese Stelle wird mir die ganze Schar der Genussfreudigen zurufen: „Nichts ist erniedrigender, nichts schändlicher als ein solches." Eben dieselben werde ich ertappen, wenn sie fremden Sklaven die Hand küssen.

(14) Seht ihr nicht einmal Folgendes: wie unsere Vorfahren den Herren jede Gehässigkeit, den Sklaven jede Schmach erspart haben? Sie bezeichneten den Herrn als Vater der Familie, die Sklaven – was sich sogar bis heute in den Komödien gehalten hat – zur Familie gehörig; sie haben einen Festtag eingeführt, nicht allein damit die Herrn mit den Sklaven essen sollten, aber besonders deshalb; sie erlaubten ihnen Ämter auszuüben, Recht zu sprechen, und erklärten, die Hausgenossenschaft sei ein Staat im Kleinen.

(15) 'Quid ergo? Omnes servos admovebo mensae meae?' Non magis quam omnes liberos. Erras si existimas me quosdam quasi sordidioris operae reiecturum, ut puta illum mulionem et illum bubulcum. Non ministeriis illos aestimabo sed moribus: sibi quisque dat mores, ministeria casus assignat. Quidam cenent tecum quia digni sunt, quidam ut sint; ssi quid enim in illis ex sordida conversatione servile est, honestiorum convictus excutiet.

(16) Non est, mi Lucili, quod amicum tantum in foro et in curia quaeras: si diligenter attenderis, et domi invenies. Saepe bona materia cessat sine artifice: tempta et experire. Quemadmodum stultus est qui equum empturus non ipsum inspicit sed stratum eius ac frenos, sic stultissimus est qui hominem aut ex veste aut ex condicione, quae vestis modo nobis circumdata est, aestimat.

(17) 'Servus est.' Sed fortasse liber animo. 'Servus est.' Hoc illi nocebit? Ostende quis non sit: alius libidini servit, alius avaritiae, alius ambitioni, <omnes spei>, omnes timori. Dabo consularem aniculae servientem, dabo ancillulae divitem, ostendam nobilissimos iuvenes mancipia pantomimorum: nulla servitus turpior est quam voluntaria. Quare non est quod fastidiosi isti te deterreant quominus servis tuis hilarem te praestes et non superbe superiorem: colant potius te quam timeant.

(15) „Was nun also? Werde ich alle Sklaven an meinen Tisch bringen?“ Ebenso wenig wie alle Freien. Du täuscht dich, wenn du meinst, dass ich manche aufgrund der angeblich zu schmutzigen Arbeit abweisen werde, wie zum Beispiel den Maultiertreiber oder den Rinderhirten dort. Ich werde jene nicht nach ihren Tätigkeiten, sondern nach ihrem Charakter beurteilen: seinen Charakter schafft sich jeder selbst, die Tätigkeiten bestimmt der Zufall. Einige mögen mit dir speisen, weil sie es würdig sind, einige, um es zu werden; wenn nämlich wegen der niederen Lebensweise etwas knechtisches an ihnen ist, wird es ein besserer Umgang beseitigen.

(16) Es gibt keinen Grund, mein Lucilius, dass du einen Freund nur auf dem Forum und in der Kurie suchst: wenn du genau Acht gibst, wirst du auch zuhause einen finden. Ohne einen Künstler liegt ein guter Stoff oft brach: prüfe und versuche es. Zwar ist derjenige töricht, der nicht das Pferd selbst mustert, bevor er es kauft, sondern seine Satteldecke und die Zügel, aber außerordentlich töricht ist, wer einen Menschen entweder wegen seiner Kleidung beurteilt oder wegen seiner Stellung, die uns wie ein Gewand umgelegt wurde.

(17) „Er ist ein Sklave.“ Aber vielleicht frei im Geiste. „Er ist ein Sklave.“ Wird ihm das ein Leid zufügen? Zeige mir, wer es nicht ist: der eine ist Sklave seiner Wollust, ein anderer seiner Habsucht, ein weiterer seines Ehrgeizes, alle ihrer Hoffnung, alle ihrer Furcht. Ich werde dir einen einstigen Konsul nennen, der sich einem alten Mütterchen fügt, ich werde dir einen Reichen nennen, der sich einer Magd [fügt], ich könnte dir vornehme junge Männer als Sklaven der Pantomimen zeigen: keine Sklaverei ist schändlicher als die aus freiem Willen. Deshalb besteht kein Grund, dass dich diese Hochmütigen davon abhalten, dich deinen Sklaven wohlwollend zu zeigen und nicht überheblich als Höhergestellter: sie sollen dich eher achten als fürchten.

(18) Dicet aliquis nunc me vocare ad pilleum servos et dominos de fastigio suo deicere, quod dixi, 'colant potius dominum quam timeant'. 'Ita', inquit, 'prorsus? Colant tamquam clientes, tamquam salutatores?' Hoc qui dixerit obliviscetur id dominis parum non esse quod deo sat est. Qui colitur, et amatur: non potest amor cum timore misceri.

(19) Rectissime ergo facere te iudico quod timeri a servis tuis non vis, quod verborum castigatione uteris: verberibus muta admonentur. Non quidquid nos offendit et laedit; sed ad rabiem cogunt pervenire deliciae, ut quidquid non ex voluntate respondit iram evocet.

(20) Regum nobis induimus animos; nam illi quoque obliti et suarum virium et imbecillitatis alienae sic excandescunt, sic saeviunt, quasi iniuriam acceperint, a cuius rei periculo illos fortunae suae magnitudo tutissimos praestat. Nec hoc ignorant, sed occasionem nocendi captant querendo; acceperunt iniuriam ut facerent.

(21) Diutius te morari nolo; non est enim tibi exhortatione opus. Hoc habent inter cetera boni mores: placent sibi, permanent. Levis est malitia, saepe mutatur, non in melius sed in aliud. Vale.

———

(18) Irgendeiner wird nun behaupten, dass ich die Sklaven zum Kampf um die Freiheit aufrufe und die Herren aus ihrer hohen Stellung verdrängen lasse, weil ich gesagt habe, „sie sollen ihren Herrn eher achten als fürchten." „So ganz und gar?", wird man fragen. „Sie womöglich achten wie die Klienten, wie die morgendlichen Besucher?" Wer das sagt, übersieht, dass es den Herren nicht genug ist, was einem Gott zur Genüge ist. Wer geachtet wird, wird auch geliebt: die Liebe kann nicht mit der Furcht verschmelzen.

(19) Ich meine deshalb, dass du sehr richtig handelst, wenn du von deinen Sklaven nicht gefürchtet werden willst, wenn du dich bei einer Zurechtweisung der Worte bedienst: mit Stockschlägen werden die sprachlosen Tiere ermahnt. Nicht alles, was unseren Unwillen erregt, beleidigt uns auch; doch üppige Genüsse bringen [uns dazu], in Wut zu geraten, so dass alles Zorn hervorruft, was nicht nach Wunsch in Erfüllung geht.

(20) Wir nehmen den Charakter unserer Herrscher an; denn auch jene, die sowohl ihre eigene Stärke als auch die Schwäche der anderen nicht beachten, geraten derart in Rage, sind derart wütend, als wenn sie ein Unrecht erlitten hätten – eine Gefahr, vor der jene die Macht ihres Standes gänzlich absichert. Und sie wissen dies sehr wohl, aber durch ihre Jammerei erhalten sie Gelegenheit, Unrecht zu tun; sie haben das Unrecht angenommen, um es begehen zu können.

(21) Ich will dich nicht länger aufhalten: denn du benötigst keine Ermahnung. Unter anderem hat dies ein guter Charakter an sich: er ist mit sich [selbst] zufrieden, er hält an sich fest. Unbeständiger ist die Bosheit, [und] oft wird sie sich wandeln, nicht in etwas Besseres, sondern in etwas anderes. Lebe wohl.

Liber V – Epistula XLVIII

Seneca Lucilio suo Salutem,

(1) Ad epistulam quam mihi ex itinere misisti, tam longam quam ipsum iter fuit, postea rescribam; seducere me debeo et quid suadeam circumspicere. Nam tu quoque, qui consulis, diu an consuleres cogitasti: quanto magis hoc mihi faciendum est, cum longiore mora opus sit ut solvas quaestionem quam ut proponas? Utique cum aliud tibi expediat, aliud mihi.

(2) Iterum ego tamquam Epicureus loquor? Mihi vero idem expedit quod tibi: aut non sum amicus, nisi quidquid agitur ad te pertinens meum est. Consortium rerum omnium inter nos facit amicitia; nec secundi quicquam singulis est nec adversi; in commune vivitur. Nec potest quisquam beate degere qui se tantum intuetur, qui omnia ad utilitates suas convertit: alteri vivas oportet, si vis tibi vivere.

(3) Haec societas diligenter et sancte observata, quae nos homines hominibus miscet et iudicat aliquod esse commune ius generis humani, plurimum ad illam quoque de qua loquebar interiorem societatem amicitiae colendam proficit; omnia enim cum amico communia habebit qui multa cum homine.

Seneca grüßt seinen Lucilius,

(1) Auf den Brief, den du mir von deiner Reise geschickt hast, [und] der so lang war wie die Reise selbst, werde ich später nochmals antworten; ich muss mich zurückziehen und erwägen, welchen Rat ich dir geben soll. Auch du, der du den Rat einholst, hast nämlich lange überlegt, ob du nach meiner Ansicht fragen sollst: wie viel mehr muss ich das tun, da eine längere Zeit nötig ist, um den Gegenstand einer Untersuchung aufzuklären, als ihn zur Sprache zu bringen? Zumal weil das eine dir nützt, das andere mir.

(2) Rede ich wieder so wie ein Epikureer? Tatsächlich nützt mir dasselbe, was dir [nützt], oder ich bin kein Freund, wenn nicht alles [auch] meins ist, was dich Betreffendes betrieben wird. Untereinander an allen Dingen gleichen Anteil zu haben, bewirkt die Freundschaft; für den Einzelnen gibt es weder irgendein Glück noch [irgendein] Unglück; man lebt zum gemeinschaftlichen Nutzen. Und niemand kann glücklich leben, der nur sich [selbst] betrachtet, der alles zum eigenen Nutzen wendet: es ist notwendig, für den anderen zu leben, wenn du für dich leben willst.

(3) Diese Gemeinschaft, gewissenhaft und unverbrüchlich eingehalten, die uns Menschen mit den Menschen vereinigt und die erkennt, dass es ein gemeinsames Recht aller Menschen gibt, ist oft auch zur Pflege jenes tieferen Bündnisses der Freundschaft nützlich, von dem ich sprach; derjenige wird nämlich alles mit einem Freund gemeinsam haben, der vieles mit einem Menschen [gemeinsam hat].

(4) Hoc, Lucili virorum optime, mihi ab istis subtilibus praecipi malo, quid amico praestare debeam, quid homini, quam quot modis 'amicus' dicatur, et 'homo' quam multa significet. In diversum ecce sapientia et stultitia discedunt! Cui accedo? In utram ire partem iubes? Illi homo pro amico est, huic amicus non est pro homine; ille amicum sibi parat, hic se amico: tu mihi verba distorques et syllabas digeris.

(5) Scilicet nisi interrogationes vaferrimas struxero et conclusione falsa a vero nascens mendacium adstrinxero, non potero a fugiendis petenda secernere. Pudet me: in re tam seria senes ludimus.

(6) 'Mus syllaba est; mus autem caseum rodit; syllaba ergo caseum rodit.' Puta nunc me istuc non posse solvere: quod mihi ex ista inscientia periculum imminet? Quod incommodum? Sine dubio verendum est ne quando in muscipulo syllabas capiam, aut ne quando, si neglegentior fuero, caseum liber comedat. Nisi forte illa acutior est collectio: 'Mus syllaba est; syllaba autem caseum non rodit; mus ergo caseum non rodit.'

(4) Lieber will ich von den erwähnten feinsinnigen [Dialektikern] über das unterrichtet werden, mein allerbester Lucilius, was ich für den Freund leisten muss, was für den Mitmenschen, als auf wie viele Arten man „der Freund" aussprechen und auf wie vieles „der Mensch" hindeuten könnte. Siehe die Weisheit und die Dummheit in entgegengesetzter Richtung sich scheiden! Welcher schließe ich mich an? In welche der beiden Richtungen heißt du mich zu gehen? Jenem gilt der Mensch als Freund, diesem gilt der Freund nicht als Mensch; jener verschafft sich einen Freund, dieser sich dem Freund: du verdrehst mir die Worte und deutest der Reihe nach die Silben.

(5) Nun ja, wenn ich nur die spitzfindigsten Fragen aufeinandertürme und durch eine falsche Schlussfolgerung eine aus der Wahrheit entstandene Lüge schnüre, werde ich imstande sein, das Erstrebenswerte vom Verabscheuungswürdigen zu unterscheiden. Ich schäme mich: in so ernsthaften Dingen scherzen wir alten Männer.

(6) „Maus ist eine Silbe; die Maus nagt ferner den Käse an; folglich nagt die Silbe den Käse an." Nimm jetzt an, dass ich dies nicht enträtseln kann: welche Gefahr droht mir aus einem solchen Unverstand? Welcher Schaden? Ohne Zweifel muss man fürchten, dass ich irgendwann einmal Silben mit der Mausfalle fange, oder dass irgendwann einmal, wenn ich allzu sorglos bin, ein Buch den Käse verzehrt. Wenn nicht etwa folgende Schlussfolgerung scharfsinniger ist: „Maus ist eine Silbe; ferner nagt die Silbe nicht an dem Käse; folglich nagt die Maus nicht an dem Käse."

(7) O pueriles ineptias! In hoc supercilia subduximus? In hoc barbam demisimus? Hoc est quod tristes docemus et pallidi? Vis scire quid philosophia promittat generi humano? Consilium. Alium mors vocat, alium paupertas urit, alium divitiae vel alienae torquent vel suae; ille malam fortunam horret, hic se felicitati suae subducere cupit; hunc homines male habent, illum dii.

(8) Quid mihi lusoria ista componis? Non est iocandi locus: ad miseros advocatus es. Opem laturum te naufragis, captis, aegris, egentibus, intentae securi subiectum praestantibus caput pollicitus es: quo diverteris? Quid agis? Hic cum quo ludis timet: succurre, [quidquid laqueti respondentium poenis]. Omnes undique ad te manus tendunt, perditae vitae perituraeque auxilium aliquod implorant, in te spes opesque sunt; rogant ut ex tanta illos volutatione extrahas, ut disiectis et errantibus clarum veritatis lumen ostendas.

(9) Dic quid natura necessarium fecerit, quid supervacuum, quam faciles <leges> posuerit, quam iucunda sit vita, quam expedita illas sequentibus, quam acerba et implicita eorum qui opinioni plus quam naturae crediderunt *** si prius docueris quam partem eorum levatura sint. Quid istorum cupiditates demit? Quid temperat? Utinam tantum non prodessent! Nocent. Hoc tibi cum voles manifestissimum faciam, comminui et debilitari generosam indolem in istas argutias coniectam.

(7) Ach, einen kindischen Unsinn redet man! Deshalb haben wir eine ernste Miene angenommen? Deshalb den Bart lang wachsen lassen? Ist es das, was wir mürrisch und bleichgesichtig lehren? Du willst wissen, was die Philosophie der Menschheit in Aussicht stellt? Einsicht. Den einen ruft der Tod, den anderen plagt die Armut, wieder einen anderen quält der Reichtum – sei es fremder oder eigener; jener schaudert vor einer ungünstigen Stellung; dieser trägt das Verlangen, sich seinem Erfolg zu verweigern: letzteren halten die Menschen für unglücklich, ersteren die Götter.

(8) Wozu ersinnst du solche Kindereien für mich? Es ist nicht die Zeit zum Scherzen: du wurdest von den Unglücklichen [als Beistand] hinzugerufen. Hilfe zu bringen, hast du dich erboten, den Schiffbrüchigen, den Gefangenen, den Verwundeten, den Notleidenden, denen, die ihren unter das erhobene Beil gehaltenen Kopf darbieten: wohin wendest du dich? Was treibst du? Angst hat der, mit dem du Späße treibst: eile ihm zu Hilfe, [...]. Von überall her strecken alle ihre Hände nach dir aus, flehentlich rufen sie um irgendeinen Beistand für ihr verzweifeltes Leben, das im Begriff steht, zugrunde zu gehen; auf dir ruhen die Hoffnungen, bei dir sind die Mittel vorhanden. Bittend verlangen sie, dass du sie aus ihrer so heftigen Unruhe herausführst, dass du diejenigen, die auseinandergetrieben wurden und umherirren, das helle Licht der Wahrheit sehen lässt.

(9) Erwähne, was die Natur als unumgänglich festgesetzt hat, was als überflüssig, wie milde Gesetze sie erlassen hat, wie angenehm das Leben ist, wie frei von Hindernissen für diejenigen, die sie befolgen, wie schmerzlich und verworren [das Leben] derer, die mehr auf ihre Einbildung als auf die Natur vertraut haben. [...] wenn du vorher dargelegt hast, wie sie einen Teil von ihnen mindern werden. Was nimmt diesen da ihre Leidenschaften? Was besänftigt sie? Wenn sie doch nur bloß nicht nützen würden! Unheil stiften sie. Wenn du es verlangst, werde ich dir dieses hier sehr deutlich machen, dass ein großmütiges Naturell vermindert und geschwächt wird, wenn es zu solchen Spitzfindigkeiten getrieben wurde.

(10) Pudet dicere contra fortunam militaturis quae porrigant tela, quemadmodum illos subornent. Hac ad summum bonum itur? Per istud philosophiae 'sive nive' et turpes infamesque etiam ad album sedentibus exceptiones? Quid enim aliud agitis, cum eum quem interrogatis scientes in fraudem inducitis, quam ut formula cecidisse videatur? Sed quemadmodum illos praetor, sic hos philosophia in integrum restituit.

(11) Quid disceditis ab ingentibus promissis et grandia locuti, effecturos vos ut non magis auri fulgor quam gladii praestringat oculos meos, ut ingenti constantia et quod omnes optant et quod omnes timent calcem, ad grammaticorum elementa descenditis? Quid dicitis?

Sic itur ad astra?

Hoc enim est quod mihi philosophia promittit, ut parem deo faciat; ad hoc invitatus sum, ad hoc veni: fidem praesta.

(12) Quantum potes ergo, mi Lucili, reduc te ab istis exceptionibus et praescriptionibus philosophorum: aperta decent et simplicia bonitatem. Etiam si multum superesset aetatis, parce dispensandum erat ut sufficeret necessariis: nunc quae dementia est supervacua discere in tanta temporis egestate! Vale.

———

(10) Es beschämt mich zu sagen, welche Waffen sie denjenigen darreichen, die als Söldner gegen das Schicksal dienen wollen, [und] auf welche Weise sie jene ausrüsten. Schreitet man auf diesem Weg zum höchsten Gut voran? Durch dieses „mag sein, oder mag nicht sein" der Philosophie und gar noch durch die schändlichen und berüchtigten Klauseln der Rechtsgelehrten? Was anderes macht ihr nämlich, wenn ihr denjenigen, den ihr befragt, zu der Täuschung verleitet, dass er den Prozess scheinbar verloren hat? Aber wie jene der Prätor, so setzt die Philosophie diese wieder in ihre Rechte ein.

(11) Weshalb seht ihr von euren gewaltigen Versprechen ab und lasst euch zu den Anfängen der Sprachlehre herab, nachdem ihr großartig im Munde geführt habt, dass ihr erreichen wollt, dass der Glanz des Goldes wie des Schwertes meine Augen nicht mehr blende, dass ich mit außerordentlicher Ausdauer sowohl, was alle wünschen, als auch, was alle fürchten, mit Füßen trete? Was sagt ihr?

So schreitet man den Sternen entgegen?

Das ist es nämlich, was mir die Philosophie verspricht, dass sie mich gleich einem Gott macht; dazu wurde ich aufgefordert, dazu bin ich gekommen: halte dein Versprechen.

(12) Soweit du es also vermagst, mein Lucilius, halte dich fern von diesen Klauseln und Einwendungen der Philosophen: Offenheit und Ehrlichkeit sind einer edlen Gesinnung angemessen. Selbst wenn ein Großteil der Lebenszeit noch vorhanden wäre, müsste man sorgsam haushalten, damit für Notwendiges genügend übrig bliebe: wie unsinnig ist es nun, bei einem so großen Mangel an Zeit, überflüssige Dinge zu erlernen! Lebe wohl.

Liber V – Epistula XLIX

Seneca Lucilio suo Salutem,

(1) Est quidem, mi Lucili, supinus et neglegens qui in amici memoriam ab aliqua regione admonitus reducitur; tamen repositum in animo nostro desiderium loca interdum familiaria evocant, nec exstinctam memoriam reddunt sed quiescentem irritant, sicut dolorem lugentium, etiam si mitigatus est tempore, aut servulus familiaris amisso aut vestis aut domus renovat. Ecce Campania et maxime Neapolis ac Pompeiorum tuorum conspectus incredibile est quam recens desiderium tui fecerint: totus mihi in oculis es. Cum maxime a te discedo; video lacrimas combibentem et affectibus tuis inter ipsam coercitionem exeuntibus non satis resistentem.

(2) Modo amisisse te videor; quid enim non 'modo' est, si recorderis? Modo apud Sotionem philosophum puer sedi, modo causas agere coepi, modo desii velle agere, modo desii posse. Infinita est velocitas temporis, quae magis apparet respicientibus. Nam ad praesentia intentos fallit; adeo praecipitis fugae transitus lenis est.

Buch 5 – Brief 49

(1) Sicherlich ist derjenige müßig und gleichgültig, mein Lucilius, der sich [erst] wieder an einen Freund erinnert, weil er durch irgendeinen Landstrich [an ihn] erinnert wurde; trotzdem rufen vertraute Orte manchmal eine in unserem Herzen aufbewahrte Sehnsucht hervor und sie bringen keine erloschene Erinnerung zurück, sondern sie rufen eine ruhende hervor, gleichwie [entweder] der entlassene Haussklave oder ein Gewand oder ein Haus den Schmerz von Trauernden wieder ins Gedächtnis ruft, auch wenn er mit der Zeit gemindert wurde. Schau nur, es ist unglaublich, wie Kampanien und vor allem der Anblick Neapels und auch deines Pompeius die Sehnsucht nach dir geweckt haben: ganz [leibhaftig] stehst du mir vor Augen. Eben jetzt entferne ich mich von dir; die Tränen unterdrückend, sehe ich dich, und auch den Gefühlen, die gerade bei ihrer Bändigung emporsteigen, nicht recht widerstehend.

(2) Es scheint mir, dass ich dich eben erst gehen ließ; doch, wenn man zurückdenkt, was ist [dann] nicht „eben erst"? Eben erst saß ich als Junge bei dem Philosophen Sotion, eben erst habe ich begonnen, Prozesse zu führen, eben erst habe ich aufgehört, sie führen zu wollen, eben erst [habe ich aufgehört], es zu können. Grenzenlos ist das geschwinde Vergehen der Zeit, die sich eher denjenigen zeigt, die zurückblicken. Für die in der Gegenwart Vertieften bleibt es nämlich unbemerkt; langsam ist das Vorübergehen bis zu dem Zeitpunkt des jähen Dahineilens.

(3) Causam huius rei quaeris? Quidquid temporis transit eodem loco est; pariter aspicitur, una iacet; omnia in idem profundum cadunt. Et alioqui non possunt longa intervalla esse in ea re quae tota brevis est. Punctum est quod vivimus et adhuc puncto minus; sed et hoc minimum specie quadam longioris spatii natura derisit: aliud ex hoc infantiam fecit, aliud pueritiam, aliud adulescentiam, aliud inclinationem quandam ab adulescentia ad senectutem, aliud ipsam senectutem. In quam angusto quodam quot gradus posuit!

(4) Modo te prosecutus sum; et tamen hoc 'modo' aetatis nostrae bona portio est, cuius brevitatem aliquando defecturam cogitemus. Non solebat mihi tam velox tempus videri: nunc incredibilis cursus apparet, sive quia admoveri lineas sentio, sive quia attendere coepi et computare damnum meum.

(5) Eo magis itaque indignor aliquos ex hoc tempore quod sufficere ne ad necessaria quidem potest, etiam si custoditum diligentissime fuerit, in supervacua maiorem partem erogare. Negat Cicero, si duplicetur sibi aetas, habiturum se tempus quo legat lyricos: eodem loco dialecticos: tristius inepti sunt. Illi ex professo lasciviunt, hi agere ipsos aliquid existimant.

(3) Du fragst nach dem Grund dafür? Was auch immer an Zeit vergangen ist, befindet sich am gleichen Ort; zeitgleich betrachtet man sie, an ein und demselben Ort ist sie gelegen; alles stürzt hinab in denselben Abgrund. Es kann auch ohnehin keine langen Zeitabschnitte in etwas geben, das insgesamt kurz ist. Es ist ein Augenblick, in dem wir leben, und noch ein allzu kurzer Augenblick; aber sogar dieses äußerst Wenige hat die Natur sozusagen durch den Anschein einer längeren Zeitdauer verspottet: teils machte sie daraus das Säuglingsalter, teils die Kindheit, teils die Jugend, teils eine Art von Übergang von der Jugend zum Greisenalter, teils das Greisenalter selbst. Wie viele Abstufungen hat sie [sogar] in diesem von wahrhaft beschränkter [Zeit] errichtet!

(4) Eben erst habe ich dir das Geleit gegeben: und doch ist dieses „eben erst" ein guter Teil unseres Lebens, über dessen nicht ausreichende Kürze wir zuweilen nachdenken sollten. Normalerweise erschien mir die Zeit nicht so geschwind: nun aber offenbart sich ihr unglaublicher Eilschritt, sei es, weil ich spüre, dass das Ende herannaht, sei es, weil ich anfange, acht zu geben und meinen Verlust auszurechnen.

(5) Umso mehr empört mich daher, dass manche von dieser Zeit, die nicht einmal für das Nötigste ausreichen kann, selbst wenn sie sehr gewissenhaft behütet wird, einen allzu großen Teil unnütz verschwenden. Cicero bestreitet, dass er, wenn sich seine Lebenszeit verdoppeln würde, Zeit haben wird, um die lyrischen Dichter zu lesen – ebenso die Dialektiker: allzu ernst sind sie albern. Erstere sind übermütig, ohne es zu leugnen, letztere meinen, dass sie selbst etwas Bedeutendes tun.

(6) Nec ego nego prospicienda ista, sed prospicienda tantum et a limine salutanda, in hoc unum, ne verba nobis dentur et aliquid esse in illis magni ac secreti boni iudicemus. Quid te torques et maceras in ea quaestione quam utilius est contempsisse quam solvere? Securi est et ex commodo migrantis minuta conquirere: cum hostis instat a tergo et movere se iussus est miles, necessitas excutit quidquid pax otiosa collegerat.

(7) Non vacat mihi verba dubie cadentia consectari et vafritiam in illis meam experiri.

Aspice qui coeant populi, quae moenia clusis ferrum acuant portis.

Magno mihi animo strepitus iste belli circumsonantis exaudiendus est.

(8) Demens omnibus merito viderer, si cum saxa in munimentum murorum senes feminaeque congererent, cum iuventus intra portas armata signum eruptionis exspectaret aut posceret, cum hostilia in portis tela vibrarent et ipsum solum suffossionibus et cuniculis tremeret, sederem otiosus et eiusmodi quaestiunculas ponens: 'Quod non perdidisti habes; cornua autem non perdidisti; cornua ergo habes' aliaque ad exemplum huius acutae delirationis concinnata.

(6) Und ich bestreite nicht, dass diese Dinge von fern betrachtet werden müssen, aber nur, um einen Blick aus der Ferne zu tun und von der Schwelle aus zu grüßen, einzig dafür, um uns nicht dem leeren Gerede auszusetzen und zu glauben, es würde sich irgendein großes und verborgenes Gut in ihm befinden. Was quälst du dich und reibst dich auf in einer solchen Frage, die verspottet zu haben, zuträglicher ist, als sie zu enträtseln? Es ist auch für denjenigen gefahrloser, auf Suche nach Bagatellen zu gehen, der bei günstiger Gelegenheit auszieht: wenn der Feind im Rücken steht und der Soldat auf Befehl aufzubrechen hat, mustert die Not alles aus, was der Frieden sorglos aufgelesen hatte.

(7) Ich habe keine Zeit, einem sich unschlüssig ergießenden Gerede nachzugehen und meine geistige Beweglichkeit an ihm zu erproben.

Erblicke, wie die Völker aufeinandertreffen, wie die Städte hinter geschlossenen Toren das Schwert schärfen.

Mit großem Gleichmut muss dieser ringsum ertönende Kriegslärm von mir vernommen werden.

(8) Mit Recht würde ich allen von Sinnen erscheinen, wenn ich untätig dasitzen würde, während alte Leute und Frauen Steine zur Befestigung der Stadtmauern anschleppen, während innerhalb der Tore die bewaffnete Jugend auf das Signal für den Ausfall wartet oder es fordert, während feindliche Pfeile zitternd in den Toren stecken und selbst der Boden wegen der Untergrabungen und der unterirdischen Gänge bebt, und ich solche Untersuchungen anstellen würde: „Du besitzt, was du nicht verloren hast; Hörner hast du nicht verloren; also besitzt du Hörner" und anderes, das nach dem Muster dieser geistreichen Albernheit zurechtgelegt wurde.

(9) Atqui aeque licet tibi demens videar si istis impendero operam: et nunc obsideor. Tunc tamen periculum mihi obsesso externum immineret, murus me ab hoste secerneret: nunc mortifera mecum sunt. Non vaco ad istas ineptias; ingens negotium in manibus est. Quid agam? Mors me sequitur, fugit vita.

(10) Adversus haec me doce aliquid; effice ut ego mortem non fugiam, vita me non effugiat. Exhortare adversus difficilia, adversus inevitabilia; angustias temporis mei laxa. Doce non esse positum bonum vitae in spatio eius sed in usu posse fieri, immo saepissime fieri, ut qui diu vixit parum vixerit. Dic mihi dormituro: 'Potes non expergisci'; dic experrecto: 'Potes non dormire amplius'. Dic exeunti: 'Potes non reverti'; dic redeunti: 'Potes non exire'.

(11) Erras si in navigatione tantum existimas minimum esse quo <a> morte vita diducitur: in omni loco aeque tenue intervallum est. Non ubique se mors tam prope ostendit: ubique tam prope est. Has tenebras discute, et facilius ea trades ad quae praeparatus sum. Dociles natura nos edidit, et rationem dedit imperfectam, sed quae perfici posset.

(9) Freilich mag ich dir ebenso töricht erscheinen, wenn ich für diese Dinge Zeit aufwende: und doch werde ich im gegenwärtigen Augenblick bedrängt. Gleichwohl stünde mir alsdann eine Gefahr durch eine Belagerung von außen bevor, [und] eine Mauer würde mich vom Feind trennen: nun steht mir das Todbringende gegenüber. Ich habe keine Zeit für Albernheiten; eine ungeheure Aufgabe liegt in meinen Händen. Was soll ich tun? Der Tod verfolgt mich, das Leben flieht.

(10) Dagegen lehre mich etwas; bringe es fertig, dass ich dem Tod nicht zu entgehen suche, dass mir das Leben nicht entgeht. Ermutige mich gegenüber den Beschwerlichkeiten; verlängere die kurze Spanne meiner Zeit. Lehre mich, dass das Gute des Lebens nicht in seiner langen Dauer gelegen ist, sondern dass man es sich zu Gebrauch machen kann, dass es im Gegenteil sehr oft geschieht, dass, wer lange gelebt hat, das Leben zu wenig genossen hat. Bevor ich einschlafe, sag mir: „Es kann sein, dass du nicht aufwachst"; nachdem ich erwacht bin, sag mir: „Es kann sein, dass du nicht mehr [wieder] schläfst". Sag mir beim Hinausgehen: „Es kann sein, dass du nicht zurückkehrst"; sag mir bei der Rückkehr: „Es kann sein, dass du nicht [wieder] weggehst".

(11) Du irrst dich, wenn du meinst, dass es nur auf einer Seereise eine sehr kurze Zeitspanne gibt, in der sich das Leben dem Tode öffnet: in gleicher Weise gering ist der Abstand an jedem Ort. Der Tod erscheint nicht überall so nahe: er ist überall so nahe. Vertreibe diese Dunkelheit, und leichter wirst du die Dinge lehren, auf die ich vorbereitet wurde. Gelehrig hat uns die Natur hervorgebracht – und uns zugleich eine unvollkommene Vernunft überlassen, die aber vollendet werden kann.

(12) De iustitia mihi, de pietate disputa, de frugalitate, de pudicitia utraque, et illa cui alieni corporis abstinentia est, et hac cui sui cura. Si me nolueris per devia ducere, facilius ad id quo tendo perveniam; nam, ut ait ille tragicus: 'Veritatis simplex oratio est', ideoque illam implicari non oportet; nec enim quicquam minus convenit quam subdola ista calliditas animis magna conantibus. Vale.

(12) Diskutiere mit mir über Gerechtigkeit, über treue Pflichterfüllung, über Genügsamkeit, über beiderlei Sittsamkeit, sowohl jener, die auf der Enthaltsamkeit des fremdem Körpers beruht, als auch dieser, die Sorge für sich selbst trägt. Wenn du mich nicht auf Abwege führen willst, werde ich leichter dahin gelangen, wohin ich strebe. Denn, wie der bekannte Tragiker sagt: „Leicht verständlich ist die Sprache der Wahrheit", und deshalb ist es nicht zweckdienlich, sie in Verwirrung zu bringen; nichts nämlich passt weniger zu Charakteren, die Bedeutendes unternehmen, als diese trügerische Schlauheit. Lebe wohl.

Liber V – Epistula L

Seneca Lucilio suo Salutem,

(1) Epistulam tuam accepi post multos menses quam miseras; supervacuum itaque putavi ab eo qui afferebat quid ageres quaerere. Valde enim bonae memoriae est, si meminit; et tamen spero te sic iam vivere ut, ubicumque eris, sciam quid agas. Quid enim aliud agis quam ut meliorem te ipse cotidie facias, ut aliquid ex erroribus ponas, ut intellegas tua vitia esse quae putas rerum? Quaedam enim locis et temporibus adscribimus; at illa, quocumque transierimus, secutura sunt.

(2) Harpasten, uxoris meae fatuam, scis hereditarium onus in domo mea remansisse. Ipse enim aversissimus ab istis prodigiis sum; si quando fatuo delectari volo, non est mihi longe quaerendus: me rideo. Haec fatua subito desiit videre. Incredibilem rem tibi narro, sed veram: nescit esse se caecam; subinde paedagogum suum rogat ut migret, ait domum tenebricosam esse.

(3) Hoc quod in illa ridemus omnibus nobis accidere liqueat tibi: nemo se avarum esse intellegit, nemo cupidum. Caeci tamen ducem quaerunt, nos sine duce erramus et dicimus: 'Non ego ambitiosus sum, sed nemo aliter Romae potest vivere; non ego sumptuosus sum, sed urbs ipsa magnas impensas exigit; non est meum vitium quod iracundus sum, quod nondum constitui certum genus vitae: adulescentia haec facit'.

Buch 5 – Brief 50

(1) Ich erhielt deinen Brief erst viele Monate nachdem du ihn versendet hattest; ich habe es deshalb für nutzlos gehalten, von demjenigen, der ihn überbracht hat, zu erfragen, was du treibst. Jedenfalls hätte er ein sehr gutes Gedächtnis, wenn er sich daran erinnerte; und dennoch hoffe ich, dass du dein Leben bereits auf eine Weise verbringst, dass ich, wo auch immer du bist, weiß, was du treibst. Was anderes nämlich tust du, als dich selbst jeden Tag besser zu machen, [als] manches an Täuschungen abzulegen, [als] zu begreifen, dass es deine Fehler sind, die du den Umständen anrechnest? Manche schreiben wir nämlich den Posten und den Verhältnissen zu; aber sie werden [uns] folgen, wohin auch immer wir gehen.

(2) Du weißt, dass Harpaste, die närrische Sklavin meiner Frau, als geerbte Verpflichtung in meinem Haus verblieben ist. Denn ich selbst bin gegen[über] diesen Missgeburten äußerst abgeneigt; wenn ich je einmal wünsche, von einem Narren erfreut zu werden, muss ich nicht lang suchen: ich lache über mich [selbst]. Diese Närrin konnte plötzlich nicht mehr sehen. Ich schildere dir eine erstaunliche, aber wahre Begebenheit: sie versteht nicht, dass sie blind ist; immer wieder bittet sie ihre Begleitperson [mit ihr] umzuziehen, sie behauptet, das Haus sei dunkel.

(3) Es sollte dir klar sein, dass dasjenige, was wir bei jener belächeln, uns allen widerfährt: niemand gelangt zur Einsicht, dass er geizig ist, niemand, dass er gierig ist. Immerhin suchen sich die Blinden einen Führer, wir irren ohne einen Führer umher und sagen: „Ich bin nicht ehrgeizig, aber in Rom kann niemand auf andere Weise leben; ich bin nicht verschwenderisch; aber die Stadt selbst erfordert hohe Ausgaben; es ist nicht mein Fehler, dass ich jähzornig bin, dass ich mich noch nicht für eine bestimmte Lebensweise entschlossen habe: das bringt die Jugend mit sich."

(4) Quid nos decipimus? Non est extrinsecus malum nostrum: intra nos est, in visceribus ipsis sedet, et ideo difficulter ad sanitatem pervenimus quia nos aegrotare nescimus. Si curari coeperimus, quando tot morborum tantas vires discutiemus? Nunc vero ne quaerimus quidem medicum, qui minus negotii haberet si adhiberetur ad recens vitium; sequerentur teneri et rudes animi recta monstrantem.

(5) Nemo difficulter ad naturam reducitur nisi qui ab illa defecit: erubescimus discere bonam mentem. At mehercules, <si> turpe est magistrum huius rei quaerere, illud desperandum est, posse nobis casu tantum bonum influere: laborandum est et, ut verum dicam, ne labor quidem magnus est, si modo, ut dixi, ante animum nostrum formare incipimus et recorrigere quam indurescat pravitas eius.

(6) Sed nec indurata despero: nihil est quod non expugnet pertinax opera et intenta ac diligens cura. Robora in rectum quamvis flexa revocabis; curvatas trabes calor explicat et aliter natae in id finguntur quod usus noster exigit: quanto facilius animus accipit formam, flexibilis et omni umore obsequentior! Quid enim est aliud animus quam quodam modo se habens spiritus? Vides autem tanto spiritum esse faciliorem omni alia materia quanto tenuior est.

(4) Warum betrügen wir uns [selbst]? Unser Übel liegt nicht außerhalb: es wohnt in uns, es sitzt unmittelbar im Innersten, und wahrlich mühsam gelangen wir deshalb zu einem gesunden Wesen, weil wir nicht wissen, dass wir krank sind. Selbst wenn wir anfangen, uns heilen zu lassen: wann werden wir die so großen Kräfte der so vielen Krankheiten zertrümmern? Im gegenwärtigen Augenblick aber suchen wir nicht einmal einen Arzt auf, der weniger Mühe hätte, wenn er zu einer eben erst aufkommenden Krankheit hinzugezogen worden wäre; demjenigen, der das Richtige verordnet, würden junge und unerfahrene Gemüter folgen.

(5) Mühsam mit der Natur versöhnt wird nur jemand, der von ihr abgefallen ist: wir scheuen uns, eine gesunde Denkart zu erlernen. Ach, beim Herkules, wenn es schimpflich ist, einen Lehrer in dieser Angelegenheit zu suchen, muss die Hoffnung darauf aufgegeben werden, dass uns ein so großes Gut durch Zufall zukommen kann: man muss es sich erarbeiten und, um die Wahrheit zu sagen, es ist nicht einmal eine große Anstrengung, wenn wir bloß, wie ich sagte, eher [damit] beginnen, unseren Geist zu formen und zu verbessern, als seine Verkommenheit verhärten kann.

(6) Aber ich gerate auch nicht in Verzweiflung, wenn sie sich verhärtet hat: es gibt nichts, was beharrliche Mühe und eine aufmerksame und gewissenhafte Fürsorge nicht erzwingen kann. Eichen, wenn sie auch noch so sehr gekrümmt wurden, kann man wieder in die Senkrechte bringen; Hitze streckt die gekrümmten Baumstämme lang aus und, falls auf andere Weise gewachsen, werden sie so geformt, wie es unser Bedarf erfordert: Um wie viel leichter nimmt der Geist Gestalt an – geschmeidig und willfähriger als jede Flüssigkeit. Was anderes ist nämlich der Geist, der sich wie eine Art von Luft verhält? Du erkennst aber, dass Luft um so viel beweglicher ist als jeder andere Stoff, wie sie dünner ist.

(7) Illud, mi Lucili, non est quod te impediat quominus de nobis bene speres, quod malitia nos iam tenet, quod diu in possessione nostri est: ad neminem ante bona mens venit quam mala; omnes praeoccupati sumus; virtutes discere vitia dediscere <est>.

(8) Sed eo maiore animo ad emendationem nostri debemus accedere quod semel traditi nobis boni perpetua possessio est; non dediscitur virtus. Contraria enim male in alieno haerent, ideo depelli et exturbari possunt; fideliter sedent quae in locum suum veniunt. Virtus secundum naturam est, vitia inimica et infesta sunt.

(9) Sed quemadmodum virtutes receptae exire non possunt facilisque earum tutela est, ita initium ad illas eundi arduum, quia hoc proprium imbecillae mentis atque aegrae est, formidare inexperta; itaque cogenda est ut incipiat. Deinde non est acerba medicina; protinus enim delectat, dum sanat. Aliorum remediorum post sanitatem voluptas est, philosophia pariter et salutaris et dulcis est. Vale.

———

(7) Es besteht kein Grund, Lucilius, dass dich das eben Erwähnte hindern sollte, Gutes für uns zu erhoffen, obschon uns bereits eine böswillige Gesinnung erfüllt, obschon sie schon seit langer Zeit in unserem Besitz ist: zu niemandem gelangt die rechtschaffene Gesinnung eher als die verderbliche; wir alle sind vorab eingenommen worden; das sittlich Gute zu erlernen, heißt, seine Laster zu verlernen.

(8) Wir müssen jedoch mit umso größerer Energie zu unserer eigenen Besserung schreiten, weil wir ein einmal überlassenes Gut dauerhaft in Besitz nehmen; Tugend verlernt man nicht. Zuwiderlaufendes haftet nämlich schlecht an dem wesensfremden Gut, deshalb kann es entfernt und vertrieben werden; zuverlässig verbleibt, was an den passenden Ort gelangt. Die Tugend verhält sich der Natur folgend, die Laster sind verderblich und unsicher.

(9) Doch wie angenommene Tugenden nicht entschwinden können und ihre Bewahrung leicht ist, so schwierig [ist es] am Anfang, zu ihnen vorzurücken, weil dies das wesentliche Merkmal eines kraftlosen und erschöpften Herzens ist, Grausen vor dem Unbekannten zu empfinden; daher muss man es drängen, damit es einen Anfang macht. Danach ist das Heilmittel nicht bitter; es erfreut nämlich sogleich, während es heilt. Andere Heilmittel bereiten [erst] nach der Heilung Vergnügen, die Philosophie ist in gleicher Weise sowohl heilsam als auch gefällig. Lebe wohl.

Liber V – Epistula LI

Seneca Lucilio suo Salutem,

(1) Quomodo quisque potest, mi Lucili: tu istic habes Aetnam, <excelsum ac> nobilissimum Siciliae montem – quem quare dixerit Messala unicum, sive Valgius, apud utrumque enim legi, non reperio, cum plurima loca evomant ignem, non tantum edita, quod crebrius evenit, videlicet quia ignis in altissimum effertur, sed etiam iacentia –, nos, utcumque possumus, contenti sumus Bais; quas postero die quam attigeram reliqui, locum ob hoc devitandum, cum habeat quasdam naturales dotes, quia illum sibi celebrandum luxuria desumpsit.

(2) 'Quid ergo? Ulli loco indicendum est odium?' Minime; sed quemadmodum aliqua vestis sapienti ac probo viro magis convenit quam aliqua, nec ullum colorem ille odit sed aliquem parum putat aptum esse frugalitatem professo, sic regio quoque est quam sapiens vir aut ad sapientiam tendens declinet tamquam alienam bonis moribus.

(3) Itaque de secessu cogitans numquam Canopum eliget, quamvis neminem Canopus esse frugi vetet, ne Baias quidem: deversorium vitiorum esse coeperunt. Illic sibi plurimum luxuria permittit, illic, tamquam aliqua licentia debeatur loco, magis solvitur.

Buch 5 – Brief 51

Seneca grüßt seinen Lucilius,

(1) Wie ein jeder es kann, mein Lucilius: du hast dort den Aetna bei dir, den hochragenden und bekanntesten Berg Siziliens – weshalb Messala, oder [auch] Valgius, ihn einzigartig nennt (ich habe es nämlich bei beiden gelesen), entdecke ich nicht, da sehr viele Orte Feuer ausspeien, nicht nur hoch emporragende, was häufig eintritt, weil Feuer offensichtlich zum höchsten Punkt emporsteigen wird, sondern auch diejenigen, die tiefer gelegen sind – wir geben uns, sobald wir nur können, mit Baiae zufrieden; das ich einen Tag später, als ich es betreten hatte, verlassen habe, einen Ort, den man (obschon er manche natürliche Vorzüge mit sich bringt) deshalb meiden muss, weil die Prunksucht sich ihn ausersehen hat, um sich [selbst] zu feiern.

(2) „Was nun also? Sollte man irgendeinem Ort seine Abneigung verkünden?" Keineswegs; aber wie das eine Kleidungsstück sich für den weisen und auch für den rechtschaffenen Mann eher geziemt als ein anderes, und er auch nicht irgendeine Farbe verabscheut, aber meint, dass manche weniger geeignet sind für denjenigen, der sich offen zur Genügsamkeit bekannt hat, so gibt es für einen guten Charakter auch eine sozusagen feindselige Gegend, die ein weiser Mann oder einer, der zur Weisheit strebt, meiden sollte.

(3) Deshalb wird derjenige, der auf Einsamkeit bedacht ist, niemals Canopus auswählen, obgleich Canopus niemandem verbietet, sparsam zu sein, nicht einmal Baiae [tut das]: sie sind zu einer Herberge der Laster geworden. Sehr viel erlaubt sich die Prunksucht dort, [und] eher wird sie dort entfesselt – als ob dem Ort eine schrankenlose Freiheit bestimmt sei.

(4) Non tantum corpori sed etiam moribus salubrem locum eligere debemus; quemadmodum inter tortores habitare nolim, sic ne inter popinas quidem. Videre ebrios per litora errantes et comessationes navigantium et symphoniarum cantibus strepentes lacus et alia quae velut soluta legibus luxuria non tantum peccat sed publicat, quid necesse est?

(5) Id agere debemus ut irritamenta vitiorum quam longissime profugiamus; indurandus est animus et a blandimentis voluptatum procul abstrahendus. Una Hannibalem hiberna solverunt et indomitum illum nivibus atque Alpibus virum enervaverunt fomenta Campaniae: armis vicit, vitiis victus est.

(6) Nobis quoque militandum est, et quidem genere militiae quo numquam quies, numquam otium datur: debellandae sunt in primis voluptates, quae, ut vides, saeva quoque ad se ingenia rapuerunt. Si quis sibi proposuerit quantum operis aggressus sit, sciet nihil delicate, nihil molliter esse faciendum. Quid mihi cum istis calentibus stagnis? Quid cum sudatoriis, in quae siccus vapor corpora exhausurus includitur? Omnis sudor per laborem exeat.

(4) Nicht nur für den Körper, sondern auch für den Charakter müssen wir einen gesunden Ort auswählen; so wie ich mich nicht unter Folterknechten aufhalten möchte, so auch nicht zwischen Trinkstuben. Wozu ist es notwendig, die Betrunkenen zu sehen, die am Strand herumirren, [und] die Trinkgelage derer, die sich auf See befinden, [und] die von den Klängen der Instrumente rauschenden Gewässer und das Übrige, das die Verschwendungssucht, gleichsam von allen Gesetzen entbunden, nicht nur an Verfehlung begeht, sondern öffentlich zeigt?

(5) Wir müssen darauf hinarbeiten, dass wir den Reizen der Laster möglichst weit entfliehen; der Geist muss gestählt und von den Verlockungen der Sinneslust weit fortgeschafft werden. Ein einziges Winterlager ließ Hannibal erschlaffen und jenen von den Schneemassen der Alpen unbezwungenen Mann hat das sanfte Klima Kampanien entkräftet: im Kampf hat er gesiegt, von seinen Lastern wurde er besiegt.

(6) Auch wir müssen Militärdienst leisten, und zwar für eine Kriegsweise, die niemals Erholung, die niemals Muße gewähren wird: vor allem die Leidenschaften müssen bekämpft werden, welche, wie du einsiehst, auch zu sich [selbst] gestrenge Charaktere rasch erobert haben. Wenn sich irgendjemand die so große Mühe vor Augen hält, die er in Angriff genommen hat, wird er verstehen, dass nichts gemächlich, nichts zaghaft betrieben werden darf. Was soll ich mit diesen heißen Becken? Was mit den Schwitzbädern, in denen trockene Hitze eingelassen wird, um die Körper zu entschlacken? Aus Arbeit soll aller Schweiß hervorgehen.

(7) Si faceremus quod fecit Hannibal, ut interrupto cursu rerum omissoque bello fovendis corporibus operam daremus, nemo non intempestivam desidiam, victori quoque, nedum vincenti, periculosam, merito reprehenderet: minus nobis quam illis Punica signa sequentibus licet, plus periculi restat cedentibus, plus operis etiam perseverantibus.

(8) Fortuna mecum bellum gerit: non sum imperata facturus; iugum non recipio, immo, quod maiore virtute faciendum est, excutio. Non est emolliendus animus: si voluptati cessero, cedendum est dolori, cedendum est labori, cedendum est paupertati; idem sibi in me iuris esse volet et ambitio et ira; inter tot affectus distrahar, immo discerpar.

(9) Libertas proposita est; ad hoc praemium laboratur. Quae sit libertas quaeris? Nulli rei servire, nulli necessitati, nullis casibus, fortunam in aequum deducere. Quo die illam intellexero plus posse, nil poterit: ego illam feram, cum in manu mors sit?

(7) Wenn wir tun würden, was Hannibal tat, um, nachdem der Lauf der Dinge unterbrochen und der Kampf eingestellt wurde, der Hege und Pflege des Körpers Zeit einzuräumen, jeder würde den unzeitigen Müßiggang auch für einen Sieger als gefährlich tadeln – umso mehr für denjenigen, der den Sieg [noch] zu erringen sucht: weniger ist uns erlaubt als jenen, die den Spuren Karthagos folgen, [und] eine größere Gefahr steht denen bevor, die nachlassen, eine größere Anstrengung selbst denen, die standhaft bleiben.

(8) Das Schicksal führt Krieg gegen mich: ich werde mich nicht unterwerfen; ich nehme das Joch nicht auf mich, ja ich schüttel es sogar ab, wozu man eine größere Entschlossenheit aufbringen muss. Der Geist darf nicht aufgewühlt werden: wenn ich der Leidenschaft nachgebe, muss ich auch dem Schmerz, muss ich auch der Mühsal, muss ich auch der Armut nachgeben; dass sie denselben Rechtsanspruch auf mich haben, werden sowohl der Ehrgeiz als auch der Zorn behaupten; zwischen so vielen Stimmungen werde ich schwanken, ja sogar zerrissen werden.

(9) Die Freiheit ist [uns] in Aussicht gestellt worden; für diesen Preis wird sich angestrengt. Du fragst, was Freiheit ist? Sich von keiner Sache, keiner Notwendigkeit, keinen Zufällen beherrschen zu lassen, [und] das Schicksal mit Gleichmut zu geleiten. Und an diesem Tag, an dem ich begreife, dass ich mächtiger als es bin, wird es machtlos sein: soll ich es ertragen, obgleich der Tod in meiner Hand liegt?

(10) His cogitationibus intentum loca seria sanctaque eligere oportet; effeminat animos amoenitas nimia, nec dubie aliquid ad corrumpendum vigorem potest regio. Quamlibet viam iumenta patiuntur quorum durata in aspero ungula est: in molli palustrique pascuo saginata cito subteruntur. Et fortior miles ex confragoso venit: segnis est urbanus et verna. Nullum laborem recusant manus quae ad arma ab aratro transferuntur: in primo deficit pulvere ille unctus et nitidus.

(11) Severior loci disciplina firmat ingenium aptumque magnis conatibus reddit. Literni honestius Scipio quam Bais exulabat: ruina eiusmodi non est tam molliter collocanda. Illi quoque ad quos primos fortuna populi Romani publicas opes transtulit, C. Marius et Cn. Pompeius et Caesar, exstruxerunt quidem villas in regione Baiana, sed illas imposuerunt summis iugis montium: videbatur hoc magis militare, ex edito speculari late longeque subiecta. Aspice quam positionem elegerint, quibus aedificia excitaverint locis et qualia: scies non villas esse sed castra.

(12) Habitaturum tu putas umquam fuisse illic M. Catonem, ut praenavigantes adulteras dinumeraret et tot genera cumbarum variis coloribus picta et fluvitantem toto lacu rosam, ut audiret canentium nocturna convicia? Nonne ille manere intra vallum maluisset, quod in unam noctem manu sua ipse duxisset? Quidni mallet, quisquis vir est, somnum suum classico quam symphonia rumpi?

(10) Die Aufmerksamkeit auf diese Überlegungen gerichtet, ist es notwendig, einen ernsten und ehrwürdigen Ort auszuwählen; eine reizende Landschaft verweichlicht übermäßig, und bestimmt vermag eine Gegend, die Lebenskraft nennenswert zu zerrütten. Die Zugtiere, deren Huf auf rauem Grund gehärtet wurde, ertragen jeden beliebigen Weg: die auf weicher und sumpfiger Weide gemästet wurden, laufen sich schnell wund. Auch stammt der tüchtigere Soldat aus einer gebirgigen Gegend: träge ist der Städter und der Haussklave. Keine Anstrengung weisen die Hände zurück, die vom Pflug zu den Waffen versetzt werden: auf dem Kampfplatz ermattet zuerst jener, der mit Salben bestrichen und schön gemacht wurde.

(11) Die strengere Zucht einer [rauen] Gegend stärkt den Geist und befähigt zu großen Anstrengungen. In Liternum lebte Scipio würdiger in der Verbannung als in Baiae: ein solcher Sturz darf nicht so sanft abgesetzt werden. Auch jene, an welche das Geschick zum ersten Mal die Staatsgewalt des römischen Volkes übertragen hat, Gaius Marius, Gnaeus Pompeius und Caesar, errichteten zwar Villen in der Gegend von Baiae, aber sie haben sie auf die höchsten Bergrücken gesetzt: es wurde dies eher als soldatisch angesehen, von einer Anhöhe aus weit und breit die Niederungen zu überblicken. Sieh dir an, wie sie die Lage ausgewählt, an welchen Plätzen sie die Gebäude erbaut haben – und was für welche: du wirst erkennen, dass es keine Landgüter, sondern Festungen sind.

(12) Glaubst du, dass ein Cato jemals hätte dort wohnen wollen, um die vorbeisegelnden Ehebrecherinnen, [und] so viele der mit bunten Farben bemalten Schiffchen und die auf dem ganzen See treibenden Rosen zu zählen, um den Lärm derjenigen zu hören, die in der Nacht herumgrölen? Wäre er nicht lieber innerhalb der Verschanzung geblieben, die er persönlich mit eigener Hand für eine einzige Nacht erbaut hätte? Warum würde nicht jeder, der wahrhaft ein Mann ist, lieber wollen, dass sein Schlaf durch die Kriegstrompete als durch Saitenmusik unterbrochen wird?

(13) Sed satis diu cum Bais litigavimus, numquam satis cum vitiis, quae, oro te, Lucili, persequere sine modo, sine fine; nam illis quoque nec finis est nec modus. Proice quaecumque cor tuum laniant, quae si aliter extrahi nequirent, cor ipsum cum illis revellendum erat. Voluptates praecipue exturba et invisissimas habe: latronum more, quos 'philêtas' Aegyptii vocant, in hoc nos amplectuntur, ut strangulent. Vale.

(13) Doch lange genug haben wir mit Baiae gehadert, nie genug mit den Lastern, die ohne Einschränkung, ohne Ende zu verfolgen, ich dich bitte, Lucilius; denn auch jene haben weder ein Ende noch ein Maß. Jage fort, welche auch immer dein Herz zerfleischen, und falls diese anders nicht herausgeschafft werden könnten, müsste man das Herz selbst mit ihnen [zusammen] herausreißen. Verdränge besonders die Sinneslüste und betrachte sie als die Hassenswertesten: nach Art der Straßenräuber, welche die Ägypter „Phileten" nennen, schließen sie uns [nur] deshalb in die Arme, um uns zu erwürgen. Lebe wohl.

Liber V – Epistula LII

Seneca Lucilio suo Salutem,

(1) Quid est hoc, Lucili, quod nos alio tendentes alio trahit et eo unde recedere cupimus impellit? Quid colluctatur cum animo nostro nec permittit nobis quicquam semel velle? Fluctuamur inter varia consilia; nihil libere volumus, nihil absolute, nihil semper.

(2) 'Stultitia', inquis, 'est cui nihil constat, nihil diu placet.' Sed quomodo nos aut quando ab illa revellemus? Nemo per se satis valet ut emergat; oportet manum aliquis porrigat, aliquis educat.

(3) Quosdam ait Epicurus ad veritatem sine ullius adiutorio exisse, fecisse sibi ipsos viam; hos maxime laudat quibus ex se impetus fuit, qui se ipsi protulerunt: quosdam indigere ope aliena, non ituros si nemo praecesserit, sed bene secuturos. Ex his Metrodorum ait esse; egregium hoc quoque, sed secundae sortis ingenium. Nos ex illa prima nota non sumus; bene nobiscum agitur, si in secundam recipimur. Ne hunc quidem contempseris hominem qui alieno beneficio esse salvus potest; et hoc multum est, velle servari.

Buch 5 – Brief 52

Seneca grüßt seinen Lucilius,

(1) Was ist es, Lucilius, dass uns, in die eine Richtung strebend, in die andere wegzieht und dahin bewegt, wovon wir uns entfernen wollen? Was ringt mit unserem Willen und erlaubt uns nicht, dass wir irgendetwas ein für allemal wollen? Wir schwanken zwischen unseren wechselnden Absichten; nichts wollen wir unumschränkt, nichts unbedingt, nichts beständig.

(2) „Die Torheit ist es", sagst du, „der nichts feststeht, der nichts allzu lange gefällt." Aber wie oder wann werden wir uns von ihr losreißen? Niemand ist von sich aus stark genug, um befreit zu werden; irgendjemand muss ihm die Hand darreichen, irgendjemand ihn erziehen.

(3) Epikur sagt, dass einige ohne irgendeine Unterstützung zur Wahrheit emporgestiegen sind – sie hätten sich selbst den Weg gebahnt; er lobt überaus diejenigen, die von sich aus ein drängendes Verlangen besaßen, die sich selbst vorangebracht haben: einige hätten [dagegen] fremde Hilfe nötig, sie würden nicht losgehen, wenn niemand voranschreite, doch folgen würden sie wohl. Er behauptet, dass Metrodoros zu ihnen gehört; auch dieser ein außergewöhnlicher Geist, aber einer des zweiten Rangs. Wir sind nicht von jener ersten Prägung; wir werden wohlwollend behandelt, wenn man uns die zweite zubilligt. Einen solchen Menschen, der durch fremde Gunst gerettet werden kann, schätze aber nicht gering ein; bedeutend ist auch dieses: gerettet werden zu wollen.

(4) Praeter haec adhuc invenies genus aliud hominum ne ipsum quidem fastidiendum eorum qui cogi ad rectum compellique possunt, quibus non duce tantum opus sit sed adiutore et, ut ita dicam, coactore; hic tertius color est. Si quaeris huius quoque exemplar, Hermarchum ait Epicurus talem fuisse. Itaque alteri magis gratulatur, alterum magis suspicit; quamvis enim ad eundem finem uterque pervenerit, tamen maior est laus idem effecisse in difficiliore materia.

(5) Puta enim duo aedificia excitata esse, ambo paria, aeque excelsa atque magnifica. Alter puram aream accepit, illic protinus opus crevit; alterum fundamenta lassarunt in mollem et fluvidam humum missa multumque laboris exhaustum est dum pervenitur ad solidum: intuentibus quidquid fecit <alter> [...] alterius magna pars et difficilior latet.

(6) Quaedam ingenia facilia, expedita, quaedam manu, quod aiunt, facienda sunt et in fundamentis suis occupata. Itaque illum ego feliciorem dixerim qui nihil negotii secum habuit, hunc quidem melius de se meruisse qui malignitatem naturae suae vicit et ad sapientiam se non perduxit sed extraxit.

(4) Abgesehen davon wirst du noch auf die Kategorie derjenigen Menschen stoßen (die man gleichfalls nicht verachten darf), die zum Richtigen gezwungen und angetrieben werden können, die nicht nur einen Führer, sondern auch einen Förderer und sozusagen einen Antreiber benötigen; das ist der dritte allgemeine Charakter. Wenn du auch für diese ein Beispiel suchst: Epikur sagt, dass Hermarchos ein solcher war. Und so wünscht er dem einen eher Glück, den anderen bewundert er eher; obgleich nämlich jeder von beiden zum selben Ziel gelangen kann, ist der Verdienst doch größer, dasselbe bei einem schwierigeren Naturell erreicht zu haben.

(5) Stell dir vor, dass zwei Gebäude erbaut worden sind, beide gleichgroß, [und] in gleicher Weise erhaben und prächtig. Der eine [Bauherr] bekam einen einwandfreien Bauplatz – unverzüglich nahm das Bauwerk dort an Höhe zu, den anderen haben die Fundamente ermattet, weil sie in einen weichen und lockeren Boden eingelassen wurden, und viele Strapazen wurden durchlitten, bis man festes Erdreich erreicht hat: [für den Betrachtenden alles, was der eine geleistet hat, ...], bleibt der große und schwierigere Teil des anderen verborgen.

(6) Einige Talente sind mühelos, [und] leicht, einige, wie man sagt, von Hand zu erwecken und in ihren Fundamenten anzugreifen. Deshalb würde ich jenen glücklicher nennen, der mit sich selbst in keiner Weise Schwierigkeiten hatte, dass sich aber dieser mehr um sich verdient gemacht hat, der die Knauserei seiner Natur besiegt und sich zur Weisheit nicht herangeführt, sondern hervorgezerrt hat.

(7) Hoc durum ac laboriosum ingenium nobis datum scias licet, imus per obstantia. Itaque pugnemus, aliquorum invocemus auxilium. 'Quem', inquis, 'invocabo? Hunc aut illum?' Tu vero etiam ad priores revertere, qui vacant; adiuvare nos possunt non tantum qui sunt, sed qui fuerunt.

(8) Ex his autem qui sunt eligamus non eos qui verba magna celeritate praecipitant et communes locos volvunt et in privato circulantur, sed eos qui vita docent, qui cum dixerunt quid faciendum sit probant faciendo, qui docent quid vitandum sit nec umquam in eo quod fugiendum dixerunt deprehenduntur; eum elige adiutorem quem magis admireris cum videris quam cum audieris.

(9) Nec ideo te prohibuerim hos quoque audire quibus admittere populum ac disserere consuetudo est, si modo hoc proposito in turbam prodeunt, ut meliores fiant faciantque meliores, si non ambitionis hoc causa exercent. Quid enim turpius philosophia captante clamores? Numquid aeger laudat medicum secantem?

(10) Tacete, favete et praebete vos curationi; etiam si exclamaveritis, non aliter audiam quam si ad tactum vitiorum vestrorum ingemescatis. Testari vultis attendere vos moverique rerum magnitudine? Sane liceat: ut quidem iudicetis et feratis de meliore suffragium, quidni non permittam? Apud Pythagoram discipulis quinque annis tacendum erat: numquid ergo existimas statim illis et loqui et laudare licuisse?

(7) Dass uns ein solch missliches und mit Mühen verbundenes Naturell gegeben ist, magst du dir bewusst werden; wir gehen über Hindernisse. Lass uns deshalb kämpfen, lass uns irgendwelche Hilfe herbeirufen. „Wen", fragst du, „rufe ich herbei? Diesen oder jenen." Kehre du jedenfalls gemäß der Vernunft zurück zu den Vorfahren, die freie Zeit haben; nicht nur die leben, können uns unterstützen, sondern auch die waren.

(8) Von diesen, die sind, sollten wir aber nicht diejenigen auswählen, die große Worte in Eile dahinwerfen, [und] Gemeinplätze vortragen und im Privaten Zuhörer um sich versammeln, sondern diejenigen, die durch ihren Lebenswandel unterweisen, die, immer wenn sie bestimmt haben, was zu tun ist, es durch [eigenes] Tun glaubhaft machen, die lehren, was zu meiden ist, und niemals bei dem ertappt werden, was sie als zu meiden nannten; wähle den als Helfer aus, den du mehr bewunderst, wenn du ihn siehst, als wenn du ihn hörst.

(9) Aber ich werde dich deswegen nicht abhalten, auch diejenigen anzuhören, welche die Gewohnheit haben, das Volk einzulassen und einen Vortrag zu halten, falls sie nur mit diesem Vorsatz öffentlich in der Menge auftreten, um besser zu werden und [andere] besser zu machen, wenn sie dies nicht der Ruhmsucht wegen betreiben. Was nämlich ist schimpflicher als eine Philosophie, die Beifallsrufe zu gewinnen sucht. Lobt etwa der Verwundete den Arzt beim Operieren?

(10) Seid still, hütet eure Zungen und gebt euch der Heilung hin; auch wenn ihr es laut ausruft, höre ich nicht anders zu, als wenn ihr bei der Erwähnung eurer Verfehlungen aufseufzt. Ihr wollt beweisen, dass ihr aufmerksam seid und von der Bedeutung der Dinge ergriffen werdet? Das sollte gewiss erlaubt sein: dass ihr aber richtet und über die Besseren abstimmt, warum soll ich das erlauben? Bei Pythagoras mussten die Schüler fünf Jahre schweigen: glaubst du nun etwa, es sei ihnen umgehend erlaubt gewesen, sowohl zu reden als auch Lob auszusprechen?

(11) Quanta autem dementia eius est quem clamores imperitorum hilarem ex auditorio dimittunt! Quid laetaris quod ab hominibus his laudatus es quos non potes ipse laudare? Disserebat populo Fabianus, sed audiebatur modeste; erumpebat interdum magnus clamor laudantium, sed quem rerum magnitudo evocaverat, non sonus inoffense ac molliter orationis elapsae.

(12) Intersit aliquid inter clamorem theatri et scholae: est aliqua et laudandi elegantia. Omnia rerum omnium, si observentur, indicia sunt, et argumentum morum ex minimis quoque licet capere: impudicum et incessus ostendit et manus mota et unum interdum responsum et relatus ad caput digitus et flexus oculorum; improbum risus, insanum vultus habitusque demonstrat. Illa enim in apertum per notas exeunt: qualis quisque sit scies, si quemadmodum laudet, quemadmodum laudetur aspexeris.

(13) Hinc atque illinc philosopho manus auditor intentat et super ipsum caput mirantium turba consistit: non laudatur ille nunc, si intellegis, sed conclamatur. Relinquantur istae voces illis artibus quae propositum habent populo placere: philosophia adoretur.

(11) Wie groß ist jedoch die Torheit desjenigen, den die Beifallsstürme der Unkundigen vergnügt aus dem Hörsaal gehen lassen! Was freust du dich, dass du von solchen Menschen gelobt wurdest, die du selbst nicht loben kannst? Fabianus hat vor Publikum gesprochen, aber er wurde besonnen angehört; mitunter brach viel lobender Beifall aus, den jedoch die Bedeutung des Vortragsstoffs, [und] nicht der Tonfall einer ohne Anstoß und Energie dem Gedächtnis entgleitenden Redeweise hervorgelockt hatte.

(12) Es sollte irgendein Unterschied zwischen dem Beifallsruf im Theater und dem bei einem Vortrag bestehen: es gibt auch eine feine Art, Beifall zu spenden. Wenn man darauf achtet, gibt es für jegliche Art von Dingen allerlei Merkmale, und es ist auch möglich, vom Kleinsten her das Kennzeichen eines Charakters zu erfassen: den Unzüchtigen lässt sowohl der Gang erkennen, als auch eine Bewegung der Hand, manchmal sogar eine einzige Antwort, und auch der zum Kopf gerichtete Finger und das Abwenden der Augen; auf den Schurken weist das Lächeln hin, auf den Seelenkranken der Gesichtsausdruck und die Körperhaltung. Solches nämlich geht durch die Merkmale deutlich hervor: was für einer ein jeder ist, wirst du wissen, wenn du dir anschaust, auf welche Weise er lobt, auf welche Weise er gelobt wird.

(13) Von hier und dort streckt der Zuhörer die Hände nach dem Philosophen aus und von sich aus tritt über seinem Haupt eine Menge zusammen, die ihn bewundert: wenn du es recht verstehst, wird er nun aber nicht gelobt, sondern laut verkündet. Solche Töne mag man jenen Künsten überlassen, die das Ziel haben, der breiten Masse zu gefallen: die Philosophie soll verehrt werden.

(14) Permittendum erit aliquando iuvenibus sequi impetum animi, tunc autem cum hoc ex impetu facient, cum silentium sibi imperare non poterunt; talis laudatio aliquid exhortationis affert ipsis audientibus et animos adulescentium exstimulat. <At> ad rem commoveantur, non ad verba composita; alioquin nocet illis eloquentia, si non rerum cupiditatem facit sed sui.

(15) Differam hoc in praesentia; desiderat enim propriam et longam exsecutionem, quemadmodum populo disserendum, quid sibi apud populum permittendum sit, quid populo apud se. Damnum quidem fecisse philosophiam non erit dubium postquam prostituta est; sed potest in penetralibus suis ostendi, si modo non institorem sed antistitem nancta est. Vale.

(14) Zuweilen muss den Jugendlichen erlaubt werden, der Neigung ihres Herzens zu folgen; zu einem Zeitpunkt aber, wenn sie dies aus leidenschaftlichem Drang tun, wenn sie nicht imstande sind, sich Ruhe aufzuerlegen; eine derartige Zustimmung bringt selbst den Zuhörern etwas an Aufmunterung und stachelt die Herzen der Heranwachsenden an. Sie sollen aber für die Sache eingenommen werden, nicht für die wohl gefügten Worte; ohnehin schadet ihnen die Beredsamkeit, wenn sie nicht die Leidenschaft für eine Sache, sondern für sich selbst erweckt.

(15) Ich werde dieses [Thema] für den Augenblick aufschieben; es verlangt nämlich eine besondere und langwierige Behandlung, wie mit dem Volk gesprochen werden soll, [und] was man sich vor dem Volk, was man dem Volk vor einem selbst erlauben darf. Es besteht kein Zweifel, dass jedenfalls die Philosophie Schaden erlitten hat, nachdem sie öffentlich feil geboten wurde; sie kann jedoch in eigenen Heiligtümern verkündet werden, wenn sie nicht bloß einen Krämer, sondern einen Priester gefunden hat. Lebe wohl.